Level 1b

¡Avancemos!

Cuaderno práctica por niveles

Dani Davin

HOLT McDOUGAL
a division of Houghton Mifflin Harcourt

ISBN-13: 978-0-618-76597-3
ISBN-10: 0-618-76597-2
Internet: www.holtmcdougal.com

24 25 0982 20 19 18 17
4500647646

TABLE OF CONTENTS

TO THE STUDENT:

Cuaderno práctica por niveles provides activities for practice at different levels of difficulty. Leveled vocabulary and grammar activities cover the entire content of each lesson of your student book. Other activity pages practice the content of the lesson while targeting a specific skill, such as listening. Within most categories of practice there are three pages, each at a different level of difficulty (A, B, and C). The A level is the easiest and C is the most challenging. The different levels of difficulty (A, B, C) are distinguished by the amount of support you're given. A level activities usually give you choices, B level activities often call for short answers to be written, and C level activities require longer answers.

The following sections are included in the **Cuaderno** for each lesson:

- **Vocabulario**
  Each page in this section has three activities that practice the lesson vocabulary.

- **Gramática**
  This section follows the same pattern as the **Vocabulario** section and reinforces the grammar points taught in each lesson.

- **Gramática**
  Follows the same pattern as the Vocabulario section and reinforce the grammar points taught in each lesson.

- **Integración**
  Each of these pages requires you to gather information from two different sources and respond to a related question. The source material is always presented in two different formats: written and spoken.

- **Escuchar**
  Each page in this section has two audio passages, each followed by a short activity. The passages allow you to practice your oral comprehension of Spanish.

- **Leer**
  This section contains short readings accompanied by **¿Comprendiste?** and **¿Qué piensas?** questions.

- **Escribir**
  In this section you are asked to write a short composition. A pre-writing activity will help you prepare to write your composition.

- **Cultura**
  Activities in this section focus on the cultural information found throughout each lesson.

- **Comparación cultural**
  In Lesson 2: non-leveled pages provide writing support for the activities in the student text.

Vocabulario A

¡AVANZA! **Goal:** Describe a house and household items.

1 Lucas's house is very big. Draw a line from the places in the house to the activities done in each.

1. el cuarto   mirar la televisión

2. la escalera   preparar la comida

3. la sala   comer con la familia

4. el comedor   dormir

5. la cocina   subir y bajar

2 There's always a lot to do at home. Complete the following sentences with a word from the box.

discos compactos	lector DVD	videojuegos
sillón	cortinas	

1. En la sala, mi hermano y yo jugamos _____ .

2. A mi familia le gusta la música; por eso tenemos muchos _____ .

3. En mi cuarto veo películas con mi _____ .

4. Delante de las ventanas, mi mamá usa _____ blancas.

5. Mi padre descansa en un _____ en la sala.

3 Answer the following questions in complete sentences.

1. ¿Tienes un tocadiscos compactos en tu cuarto?

_____

_____

2. ¿Tienes un lector DVD en la sala de tu casa?

_____

_____

Vocabulario B

¡AVANZA!	**Goal:** Describe a house and household items.

1 Luis invites his friends to his house. Circle the word that completes each sentence.

1. Luis tiene un (radio / patio) en su cuarto.

2. El padre de Luis usa (el sillón / las cortinas) para descansar.

3. La hermana de Luis compró un (jardín / espejo).

4. La madre de Luis tiene unas (alfombras / cortinas) en el suelo.

5. Luis y sus amigos escuchan unos (discos compactos / muebles).

6. La casa de Luis tiene dos (pisos / suelos).

2 Pedro is doing some things in his house. Complete the following sentences:

modelo: Pedro baja del primer piso a la planta baja del apartamento.

1. Pedro prepara el desayuno en _____ .

2. Pedro duerme en una cama en _____ .

3. Pedro come con su familia en _____ .

4. Pedro sube _____ .

5. Pedro tiene ropa en _____ de su cuarto.

6. Pedro juega al fútbol en _____ .

3 In three complete sentences describe the furniture you have in your living room.

_____

_____

_____

_____

_____

_____

Vocabulario C

¡AVANZA! **Goal:** Describe a house and household items.

1 Look at the words in the vocabulary box and write them in the appropriate column. Items in the word bank may be used more than once.

las cortinas	el televisor	la cama
el armario	el comedor	el sofá
el espejo	la cómoda	la lámpara

(el televisor, la cama, el sofá struck through)

el comedor	el cuarto	la sala
	la cama	el sofá
		el televisor

2 Ana has a big house. In complete sentences, describe what she does in each of the places below.

modelo: Escalera: **Ana sube la escalera para ir a su cuarto.**

1. comedor: _____

2. sala: _____

3. cocina: _____

4. cuarto: _____

5. jardín: _____

3 In two complete sentences, describe what you do in your room.

1. _____

2. _____

Gramática A *Ser and estar*

UNIDAD 5 • Gramática A
Lección 1

> **¡AVANZA!** **Goal:** Describe people and locations using **ser** or **estar.**

① Julieta's friends all have different personal traits. Complete the sentences below using the verb in parenthesis.

1. María _____es_____ inteligente. (ser)

2. Julio y Marcos _____están_____ en Ecuador. (estar)

3. Norma y yo _____estamos_____ cansadas. (estar)

4. Tú _____eres_____ un estudiante de español. (ser)

5. Hoy _____es_____ el tres de agosto. (ser)

② There's a lot to say about the students below. Complete the following sentences using the words from the word box.

~~están~~	~~estás~~	~~soy~~	~~son~~
~~somos~~	~~estoy~~	~~están~~	~~está~~

1. Yo _____soy_____ de Ecuador.

2. Rafael _____está_____ contento.

3. Nosotros _____somos_____ estudiantes.

4. María y tú _____están_____ bien.

5. Ellos _____son_____ mis maestros.

6. Señora y Señor Perdomo, ¿ustedes _____están_____ en casa hoy?

7. ¡Hola, María Fernanda! ¿Cómo _____estás_____ tú?

8. ¡Hola, Mario! Yo _____estoy_____ bien.

③ Describe yourself and your friends by answering the following questions with a complete sentence.

1. ¿Cómo estás?

   Yo Esto bien. Mis amigo están bien

2. ¿Cómo son tus amigos o tus amigas?

   Mi amigos están bien

Gramática B *Ser and estar*

Level 1b, pp. 48–53

> **¡AVANZA!** **Goal:** Describe people and locations using **ser** or **estar**.

1 Write four complete sentences about the following students' characteristics. Use the information in the table.

Laura	ser	inteligente(s)
Silvia y Andrés	estar	ocupado(a)(s)
Camila y yo	ser	de Ecuador
Ramiro	estar	cansad(o)(a)

1. _Laura es inteligente_
2. _Silvia y Andrés están ocupados_
3. _Camila y yo somos de Ecuador_
4. _Ramiro está cansado_

2 Nicolás is introducing his friends. Complete the sentences with either **ser** or **estar**.

1. Javier _____es_____ maestro.
2. Armando y Luisa _____están_____ en la escuela.
3. Miguel y yo _estamos_ enojados.
4. Tú _____eres_____ un buen amigo.
5. Norberto y tú _____están_____ emocionados.

3 Using two complete sentences, describe two of your friends and say where he or she is from.

Jalen es de Nueva York. El está bien.
El es alto. Erica es de Nueva York. Ella
está bien. Ella es alta.

Gramática C *Ser and estar*

Level 1b, pp. 48–53

> **¡AVANZA!** **Goal:** Describe people and locations using **ser** or **estar**.

1 Carina and her friends each have their own characteristics. Get to know them by completing the following sentences with the correct verb form of **ser** or **estar**.

1. Ernesto y Matías ____son____ buenas personas.

2. Isabel ____está____ bien.

3. Miriam y yo ____somos____ maestras.

4. ¿Tú ____estás____ contento?

5. Marta ____es____ mi amiga.

6. El ____es____ feliz.

7. Ellos ____están____ de México.

8. Ustedes ____están____ cansados.

2 Using the cues below, write complete sentences to say where the following people are or what they are like.

1. Elisa / su cuarto.

   Elisa está su cuarto

2. María y Diego / inteligentes.

   María y Diego son inteligentes

3. Pedro y yo / buenos amigos.

   Pedro y yo somos buenos amigos

4. Gabriela y tú / cansados de caminar.

   Gabriela y tú están cansados de caminar

3 Write three complete sentences about what you are like, where you are from, and how you are feeling.

   Yo soy de Nueva York. Yo soy alta. Estoy bien

_____

_____

Gramática A Ordinal Numbers

Level 1b, pp. 54–57

> **¡AVANZA!** **Goal:** Use ordinal numbers to talk about the floors of a building and to indicate the order of things.

1 Match the ordinal numbers in the left column to the appropriate numerals in the right column.

a. tercero   5

b. quinto   4

c. primero   6

d. sexto   2

e. cuarto   3

f. segundo   1

2 The following friends are standing in line, one behind the other, to go into the movies. They are in the following order: Julia, Aníbal, Santiago, Pedro, and Lucía. Complete the sentences below, stating where each is in line:

1. Lucía es la _____quinta_____ persona.

2. Aníbal es la _____Segunda_____ persona.

3. Pedro es la _____Cuarta_____ persona.

4. Santiago es la _____tercera_____ persona.

5. Julia es la _____primera_____ persona.

3 Answer the following question in a complete sentence.

1. ¿Qué es la primera cosa que haces cuando llegas a la escuela?

_____Yo hablo con amigos_____

2. ¿Qué es la segunda cosa que haces en la mañana?

_____Voy al baño_____

3. ¿Qué es la primera cosa que haces cuando llegas de la escuela?

_____Hago la terrea_____

Gramática B Ordinal Numbers

UNIDAD 5 • Gramática B
Lección 1

> ¡AVANZA! **Goal:** Use ordinal numbers to talk about the floors of a building and to indicate the order of things.

1 Look at the numbers next to each drawing that indicate the floor on which you can find each item. Use ordinal number to complete the sentences.

1 **2** **3** **4** **5**

1. Hay sillones en _____primero_____ piso.
2. Hay alfombras en _____quinto_____ piso.
3. Hay radios en _____cuarto_____ piso.
4. Hay lámparas en _____segundo_____ piso.
5. Hay televisores en _____tercero_____ piso.

2 Pablo, Marcos, Letty, Mirna, and Julio are waiting in line at the bookstore. They are standing in line in the same order they have been mentioned.

1. Mirna es _____cuarto_____ en la fila.
2. Marcos es _____segundo_____ en la fila.
3. Pablo es _____primero_____ en la fila.
4. Julio es _____quinto_____ en la fila.
5. Letty es _____tercero_____ en la fila.

3 Answer the following questions in complete sentences.

1. ¿Qué es la primera cosa que ves cuando vuelves a tu casa?

   Mi mochila y los zapatos

2. ¿Cuál es tu tercera clase los lunes?

   La clase de inglés

Gramática C   Ordinal Numbers

> **¡AVANZA!** **Goal:** Use ordinal numbers to talk about the floors of a building and to indicate the order of things.

1 The following runners are in a race. Look at their time and tell in which place each runner got to the finish line. Sigue el modelo.

				cuarto lugar
modelo:	Katy Méndez	2:00		
1.	Juana López	3:10	9	*noveno*
2.	Manuel Antonio	1:57	1	*primero*
3.	Pablo Santos	2:05	5	*quinto*
4.	José Colón	3:01	8	*octavo*
5.	Julio Ortíz	1:58	2	*segundo*
6.	María Gonzalez	2:45	7	*séptimo*
7.	Roberto Martínez	2:38	6	*sexto*
8.	Rosa Castillo	1:59	3	*tercero*
9.	Melvin Bravo	2:01	4	*cuarto*

2 There are five people in line, in the following order: María, Diana, Carlos, Paola, y Verónica. Complete the text with ordinal numbers.

Hay cuatro personas detrás de la **1.** *María*

persona. Diana está detrás de María y delante de Carlos. Diana es la

2. *segundo* persona en la fila. Verónica está

detrás de Carlos y Paola. Verónica es la

3. *quinto* persona en la fila. Carlos está entre

Diana y Paola. Carlos es la **4.** *tercero* persona

en la fila. Paola está delante de Verónica. Verónica es la

5. *quinto* persona de la fila.

3 Write a complete sentence stating what your first, second, and third classes are on Fridays.

El clase de música es primero. La clase de ciencias es segundo. La clase de ingles es tercero

Integración: Hablar

Level 1b, pp. 58–60
WB CD 03 track 01

Débora has a new apartment and needs to buy things for it. Also, she has to buy clothes for the housewarming party. She hears a radio commercial for a nearby mall where they have everything she wants to buy. So, she decides to go shopping there.

Fuente 1 Leer

Read the information in the mall directory.

> ## CENTRO COMERCIAL ALTAVISTA
>
> **PRIMER PISO:** ROPA DE MUJERES
>
> **SEGUNDO PISO:** ROPA DE HOMBRES
>
> **TERCER PISO:** ROPA DE NIÑOS
>
> **CUARTO PISO:** MUEBLES
>
> **QUINTO PISO:** COSAS PARA LA SALA
>
> **SEXTO PISO:** CINES Y COSAS DIVERTIDAS

Fuente 2 Escuchar   *WB CD 03 track 02*

Listen to the radio ad that Débora listened to before going to the mall. Take notes.

_____

_____

_____

_____

Hablar

What items can Débora buy for her new place and for the party? Explain where she can find these items.

modelo: Débora puede comprar... en el... piso. Después, puede comprar...en...

Integración: Escribir

Vilma is very happy because her parents bought a new house. She really likes the house, so she writes an e-mail to her best friend, Patricia, about the distribution of rooms, colors, and size of her new place. Then Vilma goes to a big department store with her family to buy things for the new place.

Fuente 1 Leer

Read Vilma's e-mail to Patricia...

¡Hola Patricia!

¡Tengo una casa nueva! Es la casa ideal. Tiene una cocina muy grande y tres cuartos. También hay un comedor donde comemos la cena cada noche. Está al lado de la cocina y detrás de la sala. Delante de la casa hay un jardín muy bonito y detrás de la casa hay un patio más grande que el jardín. Esta casa es más grande que la otra y necesitamos más muebles.

Besos,

Vilma

Fuente 2 Escuchar *WB CD 03 track 04*

Listen to Manuel, the clerk at the deparment store, calling the stockroom on the second floor. Take notes.

_____

_____

_____

_____

Escribir

Vilma's family bought a lot of things to furnish their new house. How can they distribute them inside the house?

Modelo: Los sillones están en...y la...

_____

_____

_____

_____

_____

_____

Escuchar A

| ¡AVANZA! | **Goal:** Listen to hear about household items. |

1 Listen to Cristian. Then, look at the list and draw a line through the articles that his parents do not buy.

cómoda

cortinas

televisor

sillón

espejo

alfombra

lector DVD

radio

2 Listen to Olga Uribe talk about her home. Then choose the correct answer to each question.

1. ¿Por qué necesitan Olga y su esposo una casa más grande? _____

a. Porque sus hijos vuelven de otra ciudad.

b. Porque no les gusta la casa que tienen.

2. ¿Qué quieren comprar para sus hijos? _____

a. Quieren comprar un sillón, un tocadiscos compactos y un lector DVD.

b. Quieren comprar camas nuevas, cortinas, radios y alfombras.

3. ¿Dónde están los hijos de Olga? _____

a. Están en su cuarto.

b. Están en otra ciudad.

Escuchar B

| ¡AVANZA! | **Goal:** Listen to hear about household items. |

1 Listen to Carmen and take notes. Then, place an "X" next to the things she has in her room.

1. ____ escalera

2. ____ cortinas

3. ____ espejo

4. ____ cama

5. ____ cómoda

6. ____ discos compactos

7. ____ radio

8. ____ armario

9. ____ lector DVD

10. ____ sillón

2 Listen to Lorena and Norberto. Then, answer the questions in complete sentences.

1. ¿Qué discos de su músico preferido tiene Lorena?

_____

_____

2. ¿Qué quiere Lorena?

_____

_____

3. ¿Quién tiene el disco que no tiene Lorena?

_____

_____

Escuchar C

> ¡AVANZA! **Goal:** Listen about household items.

1 Listen to the conversation between Claudia and Ana. Take notes. Then complete the table below with what each one does. (Notice that Ana speaks first.)

ser un buen amigo	comprar un radio	comprar discos compactos
comprar un espejo	comprar un apartamento	comprar una alfombra
ir al centro comercial	almorzar con su hermano	

¿Quién?	¿Qué hace?
Claudia	
Ana	
El hermano de Ana	
Ana y Claudia	

2 Listen to Martín and take notes. Then complete the sentences.

1. Primero, Martín tiene que _____

_____

2. Segundo, Martín tiene que _____

_____

3. Tercero, Martín tiene que _____

_____

4. Cuarto, Martín tiene que _____

_____

Leer A

> ¡AVANZA! **Goal:** Read about households.

Juan has a new apartment. There are four different families that live in the building.

The girl on the first floor gives him a list of the families that live there.

La Familia Ordóñez vive en la planta baja.
La Familia Gutiérrez vive en el piso uno.
La Familia Pérez vive en el piso dos.
Juan vive en el piso tres.
La Familia Martínez vive en el piso cuatro.
La Familia Gómez vive en el piso cinco.

¿Comprendiste?

Read the list of families. Then, complete the sentences below using ordinal numbers.

1. La familia Pérez vive en el _____ piso.

2. La familia Gómez está en el _____ piso.

3. La familia Gutiérrez está en el _____ piso.

4. Juan vive en el _____ piso.

5. La familia Martínez vive en el _____ piso.

¿Qué piensas?

¿Piensas que es mejor vivir en el primer piso o en el quinto piso? ¿Por qué?

_____

_____

_____

_____

_____

_____

Leer B

> ¡AVANZA! **Goal:** Read about households.

Señora Díaz has a new house and goes to the mall to buy furniture and appliances. She writes a note about what she buys and at what time. The problem is that she does not write the items in order.

> *La señora Díaz compró los discos compactos a las 9:45 a.m. Pero, quince minutos antes, compró un espejo. Dos horas después de comprar los discos compactos, compró las cortinas. A las 10:15 a.m. compró un lector DVD, y luego a las 12:10 p.m. compró una cómoda. A las 4:00 p.m. compró un sillón.*

¿Comprendiste?

Read Señora Díaz's notes. Complete the chart with the ordinal number indicating the order in which she bought the following items.

Cosas	Orden
discos compactos	
sillón	
cómoda	
cortinas	
espejo	
lector DVD	

¿Qué piensas?

¿Adónde vas de compras? ¿Cuántos pisos hay allí?

_____

_____

_____

_____

_____

_____

_____

Leer C

┌───┐
│ ¡AVANZA! **Goal:** Read about households.   │
└───┘

Roberto writes a letter to his sister to tell her about his new apartment and the people who live in the building.

> Julia:
>
> Tengo muchos amigos aquí. Encima de mi apartamento vive Inés, una maestra de ciencias. Encima de Inés, y debajo de Walter, vive Hugo, un estudiante de otra ciudad. Encima del apartamento de Walter está el apartamento de Lorena. Son cinco pisos. Debajo de mi apartamento, en la planta baja, está el apartamento de Ernesto. Allí escuchamos música todos los viernes.
>
> Besos,
>
> Roberto

¿Comprendiste?

Read Roberto's letter. Then complete the table below with the name of the person who lives on each floor.

Piso	Nombre
planta baja	
primer piso	
segundo piso	
tercer piso	
cuarto piso	
quinto piso	

¿Qué piensas?

¿Piensas que es divertido vivir en un apartamento con muchos pisos? ¿Por qué?

_____

_____

_____

_____

Escribir A

| ¡AVANZA! | **Goal:** Write about your house and household items. |

Step 1

Make a list of six places in your house.

1. _____   4. _____

2. _____   5. _____

3. _____   6. _____

Step 2

Classify your list in the table. Choose three places from your list, and write the items you would put in them.

1.	1.	1.
2.	2.	2.
3.	3.	3.

Step 3

Write three sentences to state each of the three rooms you chose and what they contain. Use the information from the chart.

_____

_____

Step 4

Evaluate your writing using the information in the table.

Writing Criteria	Excellent	Good	Needs Work
Content	You described three rooms.	You described two rooms.	You described one room.
Communication	Most of your response is clear.	Some of your response is clear.	Your message is not very clear.
Accuracy	You make few mistakes in grammar and vocabulary.	You make some mistakes in grammar and vocabulary.	You make many mistakes in grammar and vocabulary.

Escribir B

> **¡AVANZA!** **Goal:** Write about your house and household items.

Step 1

Complete the following table with an alphabetical list of furniture and household items in your house:

Muebles	Otras cosas para la casa
Primero:	Primero:
Segundo:	Segundo:
Tercero:	Tercero:
Cuarto:	Cuarto:

Step 2

Write a paragraph using the four items from the chart. Use **ser** and **estar**.

_____

_____

_____

Step 3

Evaluate your writing using the information in the table.

Writing Criteria	Excellent	Good	Needs Work
Content	You have used the four items from the chart.	You have used some items from the chart.	You have not used any items from the chart.
Communication	Most of your response is clear.	Some of your response is clear.	Your message is not very clear.
Accuracy	You make few mistakes in grammar and vocabulary.	You make some mistakes in grammar and vocabulary.	You make many mistakes in grammar and vocabulary.

Escribir C

¡AVANZA! **Goal:** Write about your house and household items.

Write a list of the favorite items you have at home in the order that you like them.

Step 1

Complete the table with facts about your favorite things using complete sentences. Use **ser** and **estar**.

Objeto	Ser	Estar

Step 2

Write a paragraph using the information from the chart. Write about your favorite objects and in the order that you like them.

_____

_____

_____

_____

Step 3

Evaluate your writing using the information in the table.

Writing Criteria	Excellent	Good	Needs Work
Content	You have used all items from the chart.	You have used some items from the chart.	You have not used items from the chart.
Communication	Most of your response is clear.	Some of your response is clear.	Your message is not very clear.
Accuracy	You make few mistakes in grammar and vocabulary.	You make some mistakes in grammar and vocabulary.	You make many mistakes in grammar and vocabulary.

Cultura A

> **¡AVANZA!** **Goal:** Review cultural information about Ecuador.

1 **Ecuadorian culture** Complete the following sentences with one of the multiple choice words or phrases.

1. The capital of Ecuador is _____.

   a. Guayaquil   **b.** Quito   **c.** Otavalo

2. Quechua is one of the _____ of Ecuador.

   a. typical foods   **b.** volcanoes   **c.** languages

3. Camilo Egas was the Ecuadorian artist who painted _____.

   a. *Las coristas*   **b.** *Las porristas*   **c.** *Las floristas*

2 **Ecuador and Argentina** Choose the correct word to complete the following sentences.

1. Otavalo is a (town / mountain) north of Quito.

2. Cotopaxi, the active volcano, is the (shortest / tallest) in the world.

3. Ushuaia, Argentina is the (southernmost / smallest) city in the world.

4. The Andean mountain chain is in (Central / South) America.

5. Since 2000, the Ecuadorian currency has been the (dollar / peso).

3 **Geography of Ecuador** Explain what is unique about Ecuador's geographical location. What is the Mitad del Mundo monument? Would you like to visit it? Why or why not?

_____

_____

_____

_____

_____

_____

_____

Cultura B

¡AVANZA! **Goal:** Review cultural information about Ecuador.

1 **Ecuador** Read the following sentences about Ecuador and answer *true* or *false*.

T   F   **1.** The Copa Mundial is a baseball tournament.

T   F   **2. Canguil** is a typical Ecuadorian dish.

T   F   **3.** The town of Otavalo is south of Quito.

T   F   **4.** In Quito and Guayaquil, the major league soccer teams play on the weekends.

T   F   **5.** The two main languages of Ecuador are Spanish and Quechua.

2 **In Ecuador** Read the following sentences about Ecuador and write the correct words from the box.

Quito	quechua	Egas
Andes	Otavalo	

1. Capital of Ecuador: _____

2. Last name of the painter of *Las floristas:* _____

3. A language other than Spanish spoken in Ecuador: _____

4. Mountain range in South America: _____

5. Market town in Ecuador, north of Quito: _____

3 **Ecuadorian art** You work at an art museum that is having an exhibit featuring Ecuadorian art. Describe the paintings on p. 39 and p. 51. Tell who painted each and how the painting reflects Ecuadorian culture. Also, give your impressions of each painting.

_____

_____

_____

_____

_____

Cultura C

Level 1b, pp. 66–67

| ¡AVANZA! | **Goal:** Review cultural information about Ecuador. |

1 **Ecuadorian culture** Complete the following sentences about Ecuador by filling in the correct word.

1. Julio Jaramillo was a famous Ecuadorian _____ .

2. _____ is the capital of Ecuador.

3. In Ecuador, they speak Spanish and many indigenous languages such as _____ .

4. Cotopaxi is a _____ found in Ecuador.

5. Ecuador is located in _____ America.

2 **Ecuadorian culture** Answer these questions about Ecuador with complete sentences.

1. What has been the currency of Ecuador since 2000? _____

_____

2. Who was Camilo Egas and what kind of work did he create? _____

_____

_____

3. Which is the tallest active volcano in the world? _____

_____

3 **Trip to Ecuador** In Ecuador, there are many beautiful places to visit. If you won a trip for two days to Ecuador, which places would you visit? Write a paragraph about which parts of Ecuador you would like to visit and why.

_____

_____

_____

_____

_____

Vocabulario A

Level 1b, pp. 70–75

> ¡AVANZA! **Goal:** Talk about chores and responsibilities.

1 We've got to do chores! Place an "x" next to those activities that are household chores.

1. _____ cantar
2. _____ barrer
3. _____ bailar
4. _____ limpiar
5. _____ lavar

6. _____ decorar
7. _____ planchar
8. _____ barrer
9. _____ comer
10. _____ celebrar

2 Miriam's dad talks to her about what she has to do around the house today. Complete their conversation using the words from the box.

lavar	la basura	la mesa	las camas	pasar

Padre: ¡Miriam!, tenemos que hacer _____ del cuarto de Luis.

Miriam: Sí, papá, también tenemos que _____ la aspiradora.

Padre: Además, tenemos que _____ los platos.

Miriram: Yo prefiero poner _____ .

Padre: Yo saco _____ .

3 Answer the following question in a complete sentence.

1. ¿Qué cosas haces para limpiar tu cuarto?

   _____

2. ¿Te gusta bailar en las fiestas?

   _____

3. ¿Con quién celebras tu cumpleaños?

   _____

Vocabulario B

Level 1b, pp. 70–75

¡AVANZA! **Goal:** Talk about chores and responsibilities.

1 Inés wants to clean the house. Underline the word that best completes each sentence.

1. Ellas tienen que hacer muchos (secretos / quehaceres) en casa.

2. Inés tiene que pasar (la aspiradora / la ropa).

3. Inés y su mamá tienen que hacer (la basura / la cama).

4. El hermano de Inés tiene que cortar (el césped / el suelo).

5. La mamá de Inés tiene que cocinar (la comida / la mesa).

6. Inés tiene que lavar (los regalos / los platos).

2 Luisa's mom asks her to do some chores around the house. Complete the sentences with the appropriate verb.

1. Tienes que _____ al gato.

2. Debes _____ en la cocina; el suelo está sucio.

3. Tienes que _____ de tu hermano y la ropa de tu hermana también.

4. Hay que _____ antes de las 6:00 p.m.

5. Debes _____ del comedor para la cena.

3 Write three complete sentences to describe what you do to clean up around the house and when you do it.

1. _____

2. _____

3. _____

Vocabulario C

> ¡AVANZA! **Goal:** Talk about chores and responsibilities.

1 A clean house is nicer! Draw a line from the verbs to the nouns to complete the list of chores.

1. hacer   a. el césped
2. barrer   b. la basura
3. pasar   c. el suelo
4. lavar   d. la ropa
5. cortar   e. la cama
6. planchar   f. la aspiradora
7. poner   g. la mesa
8. sacar   h. los platos

2 There's a party at Norma's house today. There's still a lot to do to get ready. Complete the following text.

Hoy damos una fiesta en casa para **1.** _____

el cumpleaños de mi hermana. No debes decir nada porque

es una **2.** _____ . Tengo que

3. _____ el regalo pero necesito buscar papel

de regalo. Tenemos globos y otras **4.** _____ .

Los **5.** _____ van a llegar a las cinco y todavía

necesito hacer los quehaceres. ¡Todo está perfecto!

3 Write a description of the chores you do at home. Include at least three chores.

_____

_____

_____

_____

_____

Gramática A *Irregular Verbs*

> **¡AVANZA!** **Goal:** Use **dar**, **decir**, **poner**, **salir**, **traer**, and **venir** to talk about preparations for a party.

1 There's a party at Carla's house today. Circle the verb that completes each sentence.

1. Hoy, su familia (dan / da) una fiesta por el cumpleaños de Luis.

2. Sus amigos le (traen / traigo) muchos regalos.

3. Por la noche, todos (sales / salimos) a cenar.

4. También Carla (venís / viene) a la fiesta.

5. Yo (pone / pongo) una bonita decoración en el jardín.

6. Nosotros (digo / decimos): «¡Feliz cumpleaños, Luis!»

2 Use the elements below to write a complete sentence describing a surprise party.

1. Yo / dar una fiesta. _____

2. Jaime y yo / traer regalos. _____

3. Marcos / decir a qué hora es la fiesta. _____

4. Carmen y Marcos / poner la mesa. _____

5. Ella / pasar la aspiradora. _____

3 Answer the following question in a complete sentence.

1. ¿Das fiestas en casa?

_____

_____

2. ¿Quién viene a tus fiestas?

_____

_____

3. ¿Qué traes a la fiesta de cumpleaños de tu amigo(a)?

_____

_____

Gramática B *Irregular Verbs*

¡AVANZA! **Goal:** Use **dar**, **decir**, **poner**, **salir**, **traer**, and **venir** to talk about preparations for a party.

1 Lucas' party is tomorrow. Complete the text below, by choosing and correctly conjugating the correct verb in the box.

traer	dar	salir	decir	venir

Lucas y su familia **1.** _____ una fiesta esta tarde. Yo

2. _____ de muy lejos para esta fiesta. Mi hermana y yo

3. _____ muchos regalos para Lucas y su familia. Ellos

4. _____ que nosotros somos parte de la familia. Mi

hermana y yo **5.** _____ en el autobús de esta tarde.

2 Irma always wants to do what Manuel and Sofía do. Complete the dialogue with the correct of **venir, traer, dar,** or **poner.**

Manuel: Sofía y yo **1.** _____ fiestas los viernes.

Irma: Yo también **2.** _____ fiestas los viernes.

Sofía: Manuel y yo **3.** _____ globos en la sala.

Irma: Yo también **4.** _____ globos en la sala.

Manuel: Nosotros **5.** _____ los discos compactos de rock.

Irma: Yo también **6.** _____ los discos compactos de rock.

Sofía: **7.** Nosotros _____ que vamos a bailar.

Irma: **8.** Yo también _____ que vamos a bailar.

3 Write three sentences using the verbs **traer, poner,** and **salir** to describe what you do when you go to a party.

_____

_____

_____

Gramática C *Irregular Verbs*

¡AVANZA! **Goal:** Use **dar**, **decir**, **poner**, **salir**, **traer**, and **venir** to talk about preparations for a party.

---

1 Ángel and Ana are invited to a party at my house. Complete each sentences with the appropriate form of the verb.

1. Ángel _____ a las 3:00 p.m. (venir)

2. Yo nunca _____ un secreto. (decir)

3. Ángel y Ana _____ un postre muy rico. (traer)

4. Ana me ayuda y _____ la mesa. (poner)

5. ¿Tú también _____ a mi fiesta? (venir)

2 Today is Juan's birthday. Use the correct form of the verb in parentheses to complete the sentences.

1. Para la fiesta, yo (poner) _____ .

2. Mi amiga Lucía y yo (dar) _____ .

3. Jaime y tú (salir) _____ .

4. Andrea y Nicolás (traer) _____ .

5. También otros amigos de Juan (venir) _____ a la fiesta.

3 Write a four sentence paragraph describing what you do when you go to a birthday party. Use at least four of the following verbs: **dar, poner, venir, traer, salir, decir**.

_____

_____

_____

_____

_____

Gramática A Affirmative **tú** Commands and
Acabar de + infinitive

> **¡AVANZA!** **Goal:** Tell people what to do and say what people just did.

1 You're being asked to do some chores. Underline the sentences that are commands.

1. Ayudas en la cocina.

2. Lava los platos.

3. Pasa la aspiradora.

4. Cortas el césped:

5. Haz la cama.

6. Pon la mesa.

7. Planchan la ropa.

8. Limpiamos la sala.

9. Di el secreto.

10. Cocino todos los días.

2 All these kids do what their mothers ask. Write the mother's command. Follow the model.

modelo: Ana (barrer el suelo).
Madre: Ana, ¡barre el suelo!

1. Luis (preparar el desayuno).

Madre: Luis, ¡ _____ el desayuno!

2. Claudia (servir la cena).

Madre: Claudia, ¡ _____ la cena!

3. Laura (barrer el patio).

Madre: Laura, ¡ _____ el patio!

4. Ernesto (sacar la basura).

Madre: Ernesto, ¡ _____ la basura!

3 Answer the following question in a complete sentence:

1. ¿Qué acabas de hacer?

_____

2. ¿Con quién acabas de hablar?

_____

3. ¿Adónde acabas de ir?

_____

Gramática B
Affirmative **tú** Commands and **Acabar de** + infinitive

Level 1b, pp. 82–85

| **¡AVANZA!** | **Goal:** Tell people what to do and say what people just did. |

1 Your friend is having a party at home today and asks for your help. Complete the sentences by choosing the correct affirmative **tú** command.

1. _____ los regalos con papel de regalo.

   a. Envuelven   **b.** Envuelves   **c.** Envuelve   **d.** Envuelvo

2. _____ a buscar a Norma que viene en autobús.

   a. Sales   **b.** Sal   **c.** Sale   **d.** Salen

3. _____ esos globos en el patio.

   a. Pon   **b.** Pone   **c.** Ponen   **d.** Pones

4. _____ la primera persona en llegar.

   a. Soy   **b.** Son   **c.** Es   **d.** Sé

2 You and a few friends have just finished cleaning up after a party. Write a sentence with the elements below. Follow the model.

modelo: ¡Saca la basura! (Carmela y yo)
   Carmela y yo acabamos de sacar la basura.

1. ¡Limpia la cocina! (Andrés y Luis)

_____

2. ¡Barre el suelo de la cocina! (yo)

_____

3. ¡Pasa la aspiradora! (Luis)

_____

4. ¡Lava los platos! (tú)

_____

3 Your friend is helping you clean your house. Write two sentences telling him or her what to do using two affirmative **tú** commands.

_____

_____

_____

Gramática C Affirmative *tú* Commands and
Acabar de + infinitive

Level 1b, pp. 82–85

¡AVANZA! **Goal:** Tell people what to do and say what people just did.

1 Your friend is telling you what to do to help get ready for his party. Complete the sentences with the correct affirmative **tú** command.

1. _____ los globos en la sala. (poner)

2. _____ a la cocina para cocinar. (venir)

3. _____ el suelo en el comedor. (barrer.)

4. _____ los platos sucios. (lavar)

5. _____ a la tienda a comprar decoraciones. (ir)

6. _____ la puerta por favor. (abrir)

2 You ask a friend to help you with your party. Complete the dialog with your requests. Use direct object pronouns.

modelo: **Tu amigo(a):** Tenemos que buscar más globos.
Tú: Búscalos.

1. **Tu amigo(a):** Tenemos que servir el pastel.

   Tú: _____

2. **Tu amigo(a):** Tenemos que poner más globos.

   Tú: _____

3. **Tu amigo(a):** Tenemos que preparar el jugo.

   Tú: _____

3 Write a three-sentence message to your friend explaining what chores you've just done. Then use affirmative **tú** commands to tell him or her what to do to help you get ready for your party.

_____

_____

_____

_____

Integración: Hablar

It's Mónica's birthday and her friends Rebeca and Cristina have plans to celebrate. Cristina is in charge of sending invitations, while Rebeca prepares her house for everybody to come.

Fuente 1 Leer

Read the invitation for the surprise party.

Te invitamos a la fiesta de sorpresa para Mónica.

Fecha: 4 de febrero
Lugar: la casa de Rebeca
Hora: a las cinco de la tarde
¡Puedes venir antes y traer tus discos compactos!

—Cristina y Rebeca

Fuente 2 Escuchar *WB CD 03 track 12*

Listen to the message left by Rebeca on Cristina's voicemail. Take notes.

_____

_____

_____

_____

Hablar

Cristina is planning to arrive early to the surprise party.

modelo: La fiesta es......Si Rebeca llega a las..., tiene que...

_____

_____

_____

Integración: Escribir

The movie *El secreto* advertised and reviewed. Many things happen during the movie, and the sequence of events is supposed to be very entertaining.

Fuente 1 Leer

Read the movie review in a magazine.

El secreto

Esta noche, mírala por televisión.

Busca tu mejor sillón y ponlo delante del televisor. A las ocho de la noche empieza El secreto, película interesante. Una chica trabaja mucho en una casa. Ella barre el suelo, lava los platos, hace las camas y prepara la cena todos los días. Pero hay más, ¡mucho más!.

Fuente 2 Escuchar   *WB CD 03 track 14*

Listen to a review in a radio program about the movie. Take notes.

_____

_____

_____

_____

Escribir

What is the sequence of events in the movie *El secreto*?

modelo: La chica trabaja... Después, ella...

_____

_____

_____

_____

_____

_____

_____

_____

Escuchar A

 Goal: Listen to what these people have to do.

1 Listen to Jimena and Mabel. Then, read each statement and answer **Cierto** (*True*) or **Falso** (*False*).

C   F   **1.** Jimena todavía prepara la comida.

C   F   **2.** Mabel todavía limpia la sala.

C   F   **3.** Mabel barre y también pasa la aspiradora.

C   F   **4.** Eduardo tiene que poner la mesa.

C   F   **5.** Eduardo no está en casa.

2 Listen to Norma. Then, answer the following questions in complete sentences.

1. ¿Qué van a hacer los hermanos de Norma?

_____

_____

2. ¿Qué hacen los hermanos de Norma en su casa?

_____

_____

3. ¿Qué celebran hoy?

_____

_____

Escuchar B

> **¡AVANZA!** **Goal:** Listen to what these people have to do.

1 Listen to Mariana and take notes. Then, draw a line from the actions in the right column to the person who does it on the left. One person can do more than one thing.

a. Mariana

b. Luis

c. Cecilia

1. limpiar la sala

2. limpiar su cuarto

3. dar de comer al perro

4. preparar la comida

5. cortar el césped

6. lavar los platos

7. sacar la basura

8. planchar la ropa

2 Listen to Luis and Cecilia. Then, answer the following questions in complete sentences.

1. ¿Qué le dice Cecilia a Luis?

_____

2. ¿Por qué Cecilia no quiere ir a buscarla?

_____

3. ¿Por qué no la trae Luis?

_____

4. ¿Quién va a ayudar a Luis con su cuarto?

_____

Escuchar C

> **¡AVANZA!** **Goal:** Listen to what these people have to do.

1 Listen to Teresa and her father and take notes. Then, complete the following sentences.

1. Teresa acaba de _____

2. El padre acaba de _____

3. Ahora, Teresa va a _____

4. Ahora, el hermano de Teresa debe _____

5. El hermano de Teresa está en _____

2 Listen to Osvaldo and take notes. Then, in complete sentences, describe what he says about the following things.

1. Los quehaceres de la casa:

_____

_____

_____

2. Cosas que hacen sus amigos:

_____

_____

_____

Leer A

¡AVANZA! **Goal:** Read about household chores.

Irma's mom is leaving the city. She leaves a note to tell Irma what she has to do at home.

Irma:

¿Puedes ayudar con los quehaceres de la casa?

Hay que preparar el desayuno. Luego, por favor lava los platos. Antes de ir a la escuela, haz la cama, y limpia tu cuarto. Barre la cocina dos veces, en la mañana y en la noche. El domingo hay que cortar el césped del jardín. Luego ¡puedes descansar!

Gracias,

Mamá

¿Comprendiste?

Read the note from Irma's mom. Write the things that Irma has to do in the kitchen. Then write what she must do in her room. Finally, what does she need to do outside?

1. _____

2. _____

3. _____

¿Qué piensas?

¿Piensas que es bueno ayudar con los quehaceres de la casa? ¿Por qué?

_____

_____

Leer B

> **¡AVANZA!** **Goal:** Read about household chores.

Guillermo's father buys a magazine about homes. The following is a letter in that magazine.

> *¡Hola! Tú eres una persona muy ocupada y quieres tu casa siempre limpia.*
>
> *Aquí hay unas ideas para tenerla así. Primero tu familia debe ayudar. Debes compartir los quehaceres. Tus hijos deben limpiar su cuarto. Ellos necesitan hacer sus camas y limpiar sus cuartos. Pasa la aspiradora en las alfombras una vez por semana. Saca la basura todos los días. Los zapatos necesitan estar limpios antes de entrar a la casa.*

¿Comprendiste?

Read the advice from the magazine. Then, complete the sentences.

1. La familia debe _____

2. Los hijos _____

3. Para las alfombras, la familia _____

4. Antes de entrar a la casa, los zapatos _____

¿Qué piensas?

¿Piensas que es importante para una familia compartir los quehaceres? ¿Por qué?

_____

_____

_____

Leer C

> **¡AVANZA!** **Goal:** Read about household chores.

Graciela is having a big party at her house. All of her friends receive the following e-mail.

¡Hola!

El sábado voy a dar una fiesta en mi casa. Es mi cumpleaños y quiero estar con todos mis amigos.

Ven a mi fiesta el sábado a las cinco. Trae tus discos compactos para compartir la música que te gusta con todos.

Hoy pongo unas decoraciones muy bonitas en el patio. Mi papá acaba de cortar el césped y toda la familia ayuda a preparar la fiesta.

¡Ah! Trae mi regalo y envuélvelo con un bonito papel de regalo. (ja ja ja)

Besos,

Graciela

¿Comprendiste?

Read Graciela's e-mail and then answer the following questions.

1. ¿Por qué invita Graciela a sus amigos a su cumpleaños?

_____

2. ¿Por qué quiere Graciela los discos compactos de todos?

_____

3. ¿A qué hora es la fiesta?

_____

4. ¿Cómo quiere Graciela sus regalos?

_____

¿Qué piensas?

¿Piensas que es importante invitar a tus amigos a tu cumpleaños? ¿Por qué?

_____

_____

Nombre _____ Clase _____ Fecha _____

Escribir A

> ¡AVANZA! **Goal:** Write about chores and responsibilities.

Step 1

Make a list of the six chores you do most at home.

1. _____   4. _____

2. _____   5. _____

3. _____   6. _____

Classify your list in the chart.

Me Gusta	No Me Gusta
1.	1.
2.	2.
3.	3.

Step 2

Write two sentences stating which chores you enjoy doing and three different chores you don't enjoy doing.

_____

_____

_____

_____

Step 3

Evaluate your writing using the information in the table.

Writing Criteria	Excellent	Good	Needs Work
Content	You have stated which chores you enjoy doing and which you don't.	You have stated some chores you enjoy doing and some you don't.	You have stated few chores you enjoy and don't enjoy doing.
Communication	Most of your response is clear.	Some of your response is clear.	Your message is not very clear.
Accuracy	You make few mistakes in grammar and vocabulary.	You make some mistakes in grammar and vocabulary.	You make many mistakes in grammar and vocabulary.

Escribir B

> ¡AVANZA! **Goal:** Write about chores and responsibilities.

Step 1

Make a chart with five chores.

Quehaceres
1.
2.
3.
4.
5.

Step 2

In a paragraph, say which chores you enjoy the least and which you enjoy the most. Use three ordinal numbers.

_____

_____

_____

Step 3

Evaluate your writing using the information in the table.

Writing Criteria	Excellent	Good	Needs Work
Content	You included five chores and three ordinal numbers.	You included some chores and ordinal numbers.	You included few chores and ordinal numbers.
Communication	Most of your response is clear.	Some of your response is clear.	Your message is not very clear.
Accuracy	You make few mistakes in grammar and vocabulary.	You make some mistakes in grammar and vocabulary.	You make many mistakes in grammar and vocabulary.

Escribir C

> ¡AVANZA! **Goal:** Write about chores and responsibilities.

Step 1

Write a list of six chores your friend has to do to clean his or her house. Use ordinal numbers.

1. _____
2. _____
3. _____
4. _____
5. _____
6. _____

Step 2

Write a paragraph telling your friend what chores to do. Use command forms of the verbs and the ordinal numbers.

_____

_____

_____

Step 3

Evaluate your writing using the information in the table.

Writing Criteria	Excellent	Good	Needs Work
Content	You have included six chores and the correct command form.	You have included four to five chores and the correct command form four or five times.	You have included three or fewer chores and the correct command form less than three times.
Communication	Most of your response is clear.	Some of your response is clear.	Your message is not very clear.
Accuracy	You make few mistakes in grammar and vocabulary.	You make some mistakes in grammar and vocabulary.	You make many mistakes in grammar and vocabulary.

Cultura A

> **¡AVANZA!** **Goal:** Review cultural information about Ecuador.

1 **Ecuador and Panama** Complete the following sentences with one of the multiple-choice words or phrases.

1. The languages spoken in Ecuador are ____

   a. Spanish, Mayan and other indigenous languages

   b. Spanish, Nahuatl and other indigenous languages

   c. Spanish, Quechua and other indigenous languages

2. Ecuadorians celebrate the Festival of San Juan in the month of ____

   a. May   **b.** June   **c.** July

3. El tamborito is a traditional ____ from Panama.

   a. dance   **b.** handicraft   **c.** food

2 **Activities and places** In Ecuador there are many interesting things to see and do. Draw lines to match each word from the left column with its explanation on the right.

Otavalo   popular dance of Ecuador

Serenatas Quiteñas   tallest active volcano in the world

Sanjuanito   city known for its textiles

Fiestas de Quito   musical tributes to the city

El Cotopaxi   is celebrated every 6th of December

3 **Fiestas de Quito** The Fiestas de Quito are very joyful and there are many activities. Write about the kinds of activities that are a part of the Fiestas de Quito. What would be your favorite activity and why?

_____

_____

_____

_____

_____

Cultura B

> **¡AVANZA!** **Goal:** Review cultural information about Ecuador.

1 **Ecuador** Read the following sentences about Ecuador and answer *true* or *false*.

T   F   **1.** The languages spoken in Ecuador are Spanish, Quechua, and other indigenous languages.

T   F   **2.** The city of Quito was founded on December 6.

T   F   **3.** Ecuador is located in South America.

T   F   **4.** The Otavalos of Ecuador are famous for their food.

T   F   **5.** The **sanjuanito** is an Ecuadorian dance with a sad rhythm.

2 **Ecuadorian culture** Complete the following sentences with the words from the box.

Otavalos	Reina	San Juan	**fritada**

1. The festival of _____ is celebrated in the month of June.

2. The _____ is a popular food in Ecuador.

3. The textile designs of the _____ may have geometric figures.

4. The _____ de Quito pageant is celebrated during the Fiestas de Quito.

3 **Serenatas** Music is very important in all Spanish-speaking countries. During the Fiestas de Quito, many people sing **serenatas quiteñas**. Write a full sentence to explain what the **serenatas** are. Then write a short **serenata** (one verse) of your own.

_____

_____

_____

_____

_____

_____

_____

_____

Cultura C

Level 1b, pp. 94–95

| ¡AVANZA! | **Goal:** Review cultural information about Ecuador. |

1 Ecuador Choose the correct word to complete the following sentences.

1. Aside from Spanish, (Quechua / Maya) is spoken in Ecuador.

2. The (Tamborito / Sanjuanito) is an Ecuadorian dance with a joyful rhythm.

3. The Otavalos of Ecuador are famous for their (food / textiles).

4. The celebration of the Fiestas de Quito lasts for (one week / one month).

2 Geography and events Answer these questions about Ecuador in complete sentences.

1. What is the tallest active volcano in the world and where is it? _____

_____

2. What is the name of the vast mountain chain in South America? _____

_____

3. What popular activities are held every year during the Fiestas de Quito? _____

_____

_____

3 Otavalo Describe the textiles created by the Otavalos. Where do they sell them? Compare the Otavalan textiles with other textiles or handicrafts you have seen in the United States that represent various cultures. Look at the photograph on page 85 of your book to help with your comparison.

_____

_____

_____

_____

_____

_____

_____

_____

Comparación cultural: ¡Así celebramos!

Level 1b, pp. 96–97

Lectura y escritura

After reading the paragraphs about how María Elena, Carla and Daniel enjoy parties and celebrations, write a paragraph about a party or celebration of your own. Use the information on your chart to write sentences, and then write a paragraph that describes your party or celebration.

Step 1

Complete the chart describing as many details as possible about your celebration.

tipo de fiesta y lugar

invitados	comida	actividades

Step 2

Now take the details from the chart and write a sentence for each topic on the chart.

_____
_____
_____
_____
_____
_____
_____
_____
_____
_____

Comparación cultural: ¡Así celebramos!

Lectura y escritura (continued)

Step 3

Now write your paragraph using the sentences you wrote as a guide. Include an introductory sentence and use the verbs **celebrar, venir, traer,** and **poner** to write about your celebration.

_____

_____

_____

_____

_____

_____

_____

Checklist

Be sure that...

☐ all the details about your celebration from your chart are included in the paragraph;

☐ you use details to describe your celebration, the place where you celebrate, as well as the guests, food, and activities;

☐ you include new vocabulary words and the verbs **celebrar, venir, traer,** and **poner.**

Rubric

Evaluate your writing using the rubric below.

Writing criteria	Excellent	Good	Needs Work
Content	Your description includes many details about your celebration.	Your description includes some details about your celebration.	Your description includes few details about your celebration.
Communication	Most of your description is organized and easy to follow.	Parts of your description are organized and easy to follow.	Your description is disorganized and hard to follow.
Accuracy	Your description has few mistakes in grammar and vocabulary.	Your description has some mistakes in grammar and vocabulary.	Your description has many mistakes in grammar and vocabulary.

UNIDAD 5 · Comparación cultural

Comparación cultural: ¡Así celebramos!

Compara con tu mundo

Now write a comparison about your celebration and that of one of the students from page 97. Organize your comparison by topics. First, compare the type of celebration, then the place where you celebrate and the guests, and lastly the food and activities.

Step 1

Use the table to organize your comparisons by topics. Write details for each topic about your celebration and that of the student you chose.

Categoría	Mi Fiesta	La Fiesta de _____
tipo de fiesta		
lugar		
invitados		
invitados		
comida		
actividades		

Step 2

Now use the details from the table to write a comparison. Include an introduction sentence and write about each topic. Use the verbs **celebrar, venir, traer, poner** to describe your celebration and that of the student you chose.

_____

_____

_____

_____

_____

_____

_____

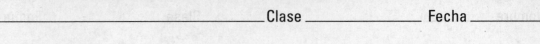

Nombre _____ Clase _____ Fecha _____

Vocabulario A

> ¡AVANZA! **Goal:** Talk about sports.

1 María loves playing baseball and tennis. In each column, place an x next to all the words associated with each sport.

El béisbol	El tenis
_____ el guante	_____ la raqueta
_____ el bate	_____ la piscina
_____ los aficionados	_____ la cancha
_____ el casco	_____ la pelota

2 These students are very sports-minded. Look at the drawings below. Then, complete the sentences with the sport they are playing.

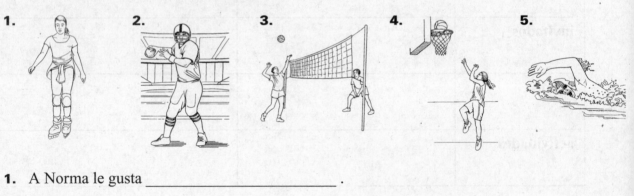

1. 2. 3. 4. 5.

1. A Norma le gusta _____ .

2. Pablo juega al _____ en el estadio.

3. Lucas y Lucía juegan al _____ en la cancha.

4. Alejandra juega al _____ en la cancha.

5. Todos los días, Arturo practica _____ en la piscina.

3 Write complete sentences to tell you what you need to play the following sports.

Modelo: el tenis: **Necesito una raqueta y una pelota.**

1. el fútbol americano: _____

2. patinar en línea: _____

3. el básquetbol: _____

Vocabulario B

> **¡AVANZA!** **Goal:** Talk about sports.

1 What do you need for each sport? Draw a line from the word in the left column to its related word on the right.

1. el tenis **a.** la piscina

2. la natación **b.** el campo

3. el béisbol **c.** los patines en línea

4. el fútbol americano **d.** la raqueta

5. patinar en línea **e.** el bate

2 Watching or playing sports can be really fun! Complete the following sentences with an expression from the word bank.

las reglas	los campeones	los partidos	un poco peligroso

1. A Juan le gusta ir a los estadios para ver _____ de fútbol americano.

2. Los jugadores que ganan son _____ .

3. Patinar en línea es _____ si no llevas un casco.

4. Leemos el libro sobre el béisbol para comprender _____ .

3 In a complete sentence, answer each question about your connection to sports.

1. ¿Cuál es tu deporte favorito?

   _____

2. ¿Cuál es tu equipo favorito?

   _____

3. ¿Tu equipo favorito gana siempre?

   _____

Vocabulario C

> **¡AVANZA!** **Goal:** Talk about sports.

1 The baseball game is today. Use the words in the box to complete the dialog between two students.

los partidos	aficionado	nadar
las piscinas	un guante	campo

Jorge: ¡Hola, Pablo! ¿Eres **1.** _____ al béisbol?

Pablo: ¡Hola, Jorge! Sí, me gusta mucho ver **2.** _____ en el estadio.

Jorge: ¿Y tú practicas béisbol? ¿Tienes **3.** _____ ?

Pablo: Sí, y tengo un bate también. Todos los días voy al **4.** _____

a jugar al béisbol.

Jorge: ¡Qué bueno! Yo juego béisbol de vez en cuando, pero prefiero

5. _____ . Me gusta la natación.

Pablo: ¡Es un buen deporte! A mí también me gusta mucho nadar en

6. _____ .

2 Define the following sports-related terms in your own words.

modelo: un(a) atleta: **Es una persona que practica deportes.**

1. los ganadores:

_____

2. los aficionados:

_____

3. la cancha de tenis:

_____

3 Write three sentences that describe what you use to play your favorite sport. Use complete sentences.

_____

_____

Gramática A *The present tense of* **Jugar**

¡AVANZA! **Goal:** Use the verb **jugar** to talk about sports.

---

1 Juan and his friends play many sports. Underline the correct form of the verb.

1. Ernesto (juega / jugamos) al voleibol.

2. Luis y Jimena (juega / juegan) al básquetbol.

3. Miriam y yo (jugamos / juegas) al tenis.

4. Yo (juega / juego) al béisbol.

5. Tú (juegas / juega) al fútbol americano.

2 Ana and her friends play sports, too. Complete the following sentences with the correct form of the verb **jugar**.

1. Julio y María, ¿ustedes _____ en un equipo de fútbol americano?

2. Señor Martín, ¿usted _____ al béisbol?

3. Lucas y Marta _____ al voleibol.

4. Alejandra _____ al tenis todos los sábados.

5. Javier y yo _____ como campeones.

3 Use each element in the table at least once to create sentences using the necessary form of **jugar**.

ustedes	al béisbol	en un equipo
María	al voleibol	los sábados
usted	al tenis	en la cancha de la escuela

modelo: Ustedes juegan al tenis los sábados.

1. _____

2. _____

3. _____

Gramática B *The present tense of Jugar*

> ¡AVANZA! **Goal:** Use the verb **jugar** to talk about sports.

1 There are many sports to play. Complete the sentences with the correct form of **jugar**.

1. Los jugadores de tenis ____ en las canchas al lado de la escuela.

    a. juegas   **b.** juega   **c.** juego   **d.** juegan

2. ¿Tú ____ al béisbol en el verano?

    a. juegan   **b.** jugamos   **c.** juegas   **d.** juega

3. Yo no ____ al fútbol americano.

    a. jugamos   **b.** juego   **c.** juegan   **d.** tratamos

2 Describe when the people below play their sports. Complete the sentences using the correct form of **jugar**.

modelo: El equipo de la escuela / mañana / un partido
El equipo de la escuela juega un partido mañana.

1. Jaime y yo / siempre / al fútbol americano

_____

2. Carolina y Guillermo / al tenis / temprano

_____

3. Nora / al béisbol / casi todos los días

_____

3 Answer the following questions about the sports that you play.

modelo: ¿Tú juegas al béisbol? **Sí, (No, no) juego al béisbol.**

1. ¿Tus amigos juegan al béisbol?

_____

2. ¿Tu familia y tú juegan al tenis?

_____

3. ¿Tú juegas al voleibol?

_____

Gramática C *The present tense of Jugar*

> **¡AVANZA!** **Goal:** Use the verb **jugar** to talk about sports.

1 Lucas is talking to a friend about sports. Complete the dialog with the correct form of **jugar**.

Lucas: Hola, Marcos. Mis amigos y yo **1.** _____ al fútbol americano todos los sábados. ¿Tú también **2.** _____ ?

Marcos: No, yo no **3.** _____ al fútbol americano. Me gusta más jugar al béisbol en el equipo de la escuela. Pedro también **4.** _____ con el equipo.

Lucas: ¿Sí? Pedro, Miguel y Antonio **5.** _____ con nosotros los sábados. ¿Ustedes **6.** _____ bien?

Marcos: Yo no **7.** _____ muy bien pero es divertido estar con ellos y aprender el deporte. Y ustedes, ¿**8.** _____ bien?

2 Where do these athletes play? Complete the following sentences with an appropriate phrase that includes the correct form of **jugar**.

modelo   Los equipos de fútbol americano <u>juegan en el campo o el estadio.</u>

1. Un jugador de fútbol _____

2. Un campeón de básquetbol _____

3. Los campeones de tenis _____

3 Write a description of a sport that you or your friends like to play. Include information about where and when you play the sport and what equipment you need.

_____

_____

_____

_____

_____

Gramática A *The present tense of* **Saber** *and* **Conocer**

> **¡AVANZA!** **Goal:** Use the verbs **saber** and **conocer** to talk about sports.

1 Some of Marta's friends know a lot about sports. Complete the sentences below following the model.

a. Los amigos de Marta saben   **b.** Los amigos de Marta conocen

modelo: __b__ a muchos jugadores.

1. ____ de béisbol y tenis.

2. ____ que el equipo siempre gana.

3. ____ muchos estadios.

4. ____ patinar en línea.

2 Find out what these people know about sports. Underline the verb that completes each sentence below.

1. Camila (conoce / sabe) al campeón de tenis.

2. Los jugadores (conocen / saben) dónde está el campo.

3. Nosotros (conocemos / sabemos) a los atletas de la escuela.

4. Yo (conozco / sé) que la natación no es muy peligrosa.

5. ¿Tú (conoces / sabes) quiénes son los campeones?

3 What or whom do the following people know? Complete the sentences with the correct form of either **saber** or **conocer.**

1. Yo _____ unas historias muy divertidas de deportes.

2. Mi abuelo _____ a un jugador de béisbol dominicano.

3. ¿Ustedes _____ muchos países donde juegan al béisbol?

4. Nosotros _____ patinar muy bien.

5. Yo _____ a su hermana Mirella.

6. ¿Tú _____ a qué hora juega el equipo de fútbol americano?

Gramática B *The present tense of Saber and Conocer* Level 1b, pp. 116–119

> **¡AVANZA!** **Goal:** Use the verbs **saber** and **conocer** to talk about sports.

1 Today's game is very important. Complete the following sentences by choosing the correct verb in parentheses.

1. Los aficionados no (saben / conocen) cómo llegar al estadio nuevo.

2. Los aficionados no (saben / conocen) el estadio nuevo.

3. Los jugadores (saben / conocen) bien a los atletas del otro equipo.

4. La atleta (sabe / conoce) patinar en línea.

5. Nosotros (sabemos / conocemos) a todos los jugadores.

2 Two teams are playing today. Complete the sentences using the correct form of **saber** or **conocer**.

1. Los jugadores no _____ con quienes juegan.

2. Los atletas no _____ a los jugadores del otro equipo.

3. El equipo _____ que el partido es a las tres.

4. El equipo _____ bien la cancha.

5. Nosotros no _____ quién gana.

3 Answer the following questions in complete sentences.

1. ¿Conoces tú Los Ángeles?

_____

2. ¿Tú sabes patinar?

_____

_____

3. ¿Sabes quiénes son los campeones de béisbol?

_____

_____

4. ¿Tu amigo(a) quiere conocer a los campeones de fútbol americano?

_____

_____

Gramática C *The present tense of Saber and Conocer*

> **¡AVANZA!** **Goal:** Use the verbs **saber** and **conocer** to talk about sports.

1 Ernesto and Sofía talk about a football game. Complete the conversation with the correct forms of **saber** or **conocer**.

Ernesto: Hola, Sofía. ¿ _____ tú que hoy tu equipo juega un partido de fútbol americano?

Sofía: Sí. Yo _____ que vamos a ganar. ¿Sabes por qué?

Ernesto: No, no _____ . ¿Por qué?

Sofía: Porque Guillermo juega con nosotros.

Ernesto: No lo _____ , ¿quién es?

Sofía: Es el campeón de fútbol americano. Él _____ jugar bien.

Ernesto: ¿Tu hermano _____ a los jugadores del otro equipo?

Sofía: Sí, él _____ a todos los jugadores.

2 Which sports or athletes are you familiar with? Answer the following questions.

1. ¿Conoces a un jugador de fútbol americano?

_____

2. ¿Sabes las reglas del voleibol?

_____

3. ¿Saben patinar tú y tus amigos?

_____

4. ¿Conoces a un(a) aficionado(a) al béisbol?

_____

5. ¿Sabes cuánto cuestan unos patines en línea nuevos?

_____

3 Write about an athlete that you know. Use **saber** and **conocer**.

_____

Integración: Hablar

Level 1b, pp. 120–122
WB CD 03 track 21

Alejandro has just moved to a new city and wants to practice all the sports he likes. He sees an Athletic club's Web page and decides to call and leave a message to express his interest in their sports facilities.

Fuente 1 Leer

Read Club Arco iris's Web site's main page...

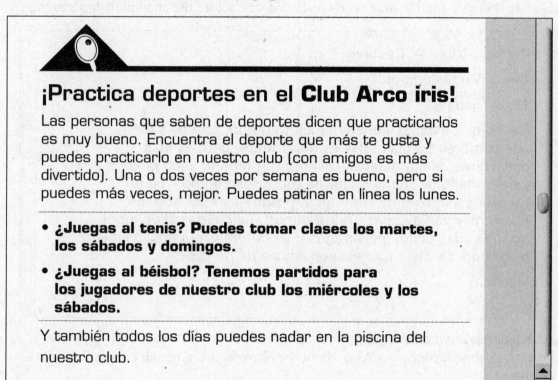

¡Practica deportes en el **Club Arco iris!**

Las personas que saben de deportes dicen que practicarlos es muy bueno. Encuentra el deporte que más te gusta y puedes practicarlo en nuestro club (con amigos es más divertido). Una o dos veces por semana es bueno, pero si puedes más veces, mejor. Puedes patinar en línea los lunes.

- **¿Juegas al tenis? Puedes tomar clases los martes, los sábados y domingos.**

- **¿Juegas al béisbol? Tenemos partidos para los jugadores de nuestro club los miércoles y los sábados.**

Y también todos los días puedes nadar en la piscina del nuestro club.

Fuente 2 Escuchar   *WB CD 03 track 22*

Listen to Alejandro's telephone message to Club Arco iris. Take notes.

_____

_____

_____

Hablar

What days can Alejandro practice the sports he likes at Club Arco iris?

modelo: Los lunes, Alejandro puede... Él también puede...

Integración: Escribir

Level 1b, pp. 120–122
WB CD 03 track 23

Mauricio's friend, Gustavo, plays for the state's volleyball team. He sends an e-mail to a friend to express his views about the team, one day before the final championship match. On the day of the match, he changes his mind about having to be the winner, when he listens to Gustavo's coach talking about sportsmanship.

Fuente 1 Leer

Read Mauricio's e-mail to his friend Gustavo a day before the championship match...

De: Mauricio   A: Gustavo

Tema: ¡Vamos equipo!

¡Hola, Gustavo!

Pienso que ustedes tienen el mejor equipo, porque saben que comprender las reglas es importante, pero es más importante ganar. Ustedes casi nunca pierden, y ¡no pueden perder mañana! Son el mejor de todos los equipos. En mi escuela estamos muy contentos, porque ustedes son los favoritos y van a ganar. Todos somos aficionados al voleibol. Mañana a las ocho, mis amigos y yo miramos el partido en la televisión. Es casi una fiesta en la sala de mi casa.

Mauricio

Fuente 2 Escuchar   *WB CD 03 track 24*

Listen to Gustavo's coach speaking about the championship match on a radio show. Take notes.

_____

_____

_____

Escribir

Mauricio listened to Gustavo's coach on the radio, and then changed his mind about winning and losing. Why did he change his mind from one day to the other?

modelo: Un día antes, Mauricio piensa que...Pero después, comprende que...

_____

_____

_____

_____

_____

Escuchar A

> **¡AVANZA!** **Goal:** Listen to discussions about sports.

1 Listen to Ernesto. Place an "x" next to the things he says he needs for his favorite sport.

1. ____ una piscina

2. ____ un libro de reglas

3. ____ una pelota de béisbol

4. ____ un guante de béisbol

5. ____ una raqueta

6. ____ unos patines en línea

7. ____ un bate

8. ____ un casco nuevo

2 Listen to Ángel. Then, complete the sentences by filling in the correct word.

1. Al hijo de Ángel le gustan muchos _____ .

2. El deporte que le gusta más es _____ .

3. El hijo de Ángel necesita cosas para _____ al béisbol.

4. Ángel quiere comprar _____ nuevo.

Escuchar B

Level 1b, pp. 128–129
WB CD 03 tracks 27-28

¡AVANZA! **Goal:** Listen to discussions about sports.

1 Listen to Julio. Complete the table with the sport that each student plays.

Lucas y Susana	
Marcos	
Andrea	
Ana	
Miguel y Jimena	

2 Listen to the conversation between Ana and Jorge. Take notes. Then, answer the questions below in complete sentences:

1. ¿Adónde quiere ir Ana?

_____

2. ¿Quién juega?

_____

3. ¿Quién es un aficionado?

_____

4. ¿Mira Ana muchos partidos en la televisión?

_____

Escuchar C

Level 1b, pp. 128–129
WB CD 03 tracks 29-30

¡AVANZA! **Goal:** Listen to discussions about sports.

1 Listen to Lucas and take notes. Then, write what day(s) he does the following activities.

1. jugar al básquetbol _____

2. patinar en línea _____

3. jugar al voleibol _____

4. jugar al tenis _____

5. jugar al fútbol americano _____

6. jugar al béisbol _____

2 Listen to the conversation between Débora and her mother. Take notes. Then, answer the following questions:

1. ¿Por qué no está el hermano de Débora?

_____

2. ¿Qué encuentra la mamá de Débora?

_____

3. ¿Quiénes patinan en línea?

_____

4. ¿Quién sabe dónde Nicolás patina?

_____

5. ¿Por qué Jorge no patina en línea?

_____

Leer A

> ¡AVANZA! **Goal:** Read about sports.

The following is a flyer hanging in the hall and the cafeteria of the school.

Partido de béisbol

¡Atención, aficionados!

*Nuestro equipo sabe jugar bien y ahora lo van a
hacer en su nuevo estadio.*
Ven a conocer el Estadio Martínez de Punta Cana.

¿Sabes cuándo?: Hoy, el 2 de Mayo
¿Sabes dónde?: El Estadio Martínez

Globos para los chicos
Pelotas con los nombres de los jugadores para todos

¡Ven con toda la famila a celebrar con nuestro equipo!

¿Comprendiste?

Read the note about the game. Then, read each sentence below and answer **Cierto** (*True*) or **Falso** (*False*).

C F **1.** El partido es hoy.

C F **2.** El equipo juega mal.

C F **3.** El equipo juega en una cancha vieja.

C F **4.** El Estadio Martínez es un estadio de béisbol.

C F **5.** Los chicos reciben globos porque es un cumpleaños.

¿Qué piensas?

Read the note about the game. Answer the following question in a complete sentence.

1. ¿Conoces un estadio donde tú vives? ¿Cuál?

_____

2. ¿Hay un equipo de béisbol en tu escuela? ¿Dónde juegan?

_____

Leer B

¡AVANZA! **Goal:** Read about sports.

Laura writes a letter to her friends about her friend Ana.

> Hola chicos:
>
> Tengo que salir temprano hoy. ¿Saben que esta tarde Ana juega un partido de béisbol? Ella está muy nerviosa porque no conoce a las jugadoras del otro equipo y no sabe cómo juegan. A ella no le gusta perder. Siempre digo que también debe saber que no tiene que ganar siempre. A veces ganas y a veces pierdes. Pero ella no entiende. Siempre quiere ser campeona.
>
> ¿Vienen hoy al partido? Deben venir. Ana y el equipo necesitan tener muchos aficionados allí. Quiero verlos a ustedes en el partido.
>
> Hasta luego,
>
> Laura

¿Comprendiste?

Read Laura's letter. Then, place an "x" next to the things that are true.

1. _____ Ana juega un partido de béisbol.

2. _____ Laura juega un partido de béisbol.

3. _____ Ana nunca pierde.

4. _____ Laura quiere ver a sus amigos.

5. _____ A Ana no le gusta perder.

6. _____ A Laura no le gusta perder.

7. _____ Ana está nerviosa.

8. _____ Laura está nerviosa.

¿Qué piensas?

Read Laura's letter. Answer the following questions in complete sentences.

1. ¿Es importante saber perder? ¿Por qué?

_____

_____

2. ¿Es importante ir a los partidos de tus amigos? ¿Por qué?

_____

_____

Leer C

> **¡AVANZA!** **Goal:** Read about sports.

A brief article about the school's championship basketball team appears in the school newspaper.

¡GANAMOS OTRA VEZ!

Nuestro equipo es el campeón de básquetbol una vez más. Si conoces a los jugadores, sabes que ellos son serios y saben jugar muy bien. Los chicos del equipo también saben que es importante sacar buenas notas en clase. Ellos son trabajadores en la escuela y en la cancha. También, todos los jugadores saben que sus aficionados siempre van a venir a los partidos.

Con nuestro equipo, ¡siempre ganamos!

¿Comprendiste?

Read the article in the school newspaper. Then, read each sentence below and answer **Cierto** (*True*) or **Falso** (*False*).

C F **1.** Los jugadores saben que las buenas notas son importantes.

C F **2.** Los jugadores no saben el deporte bien.

C F **3.** Los jugadores son serios.

C F **4.** Ellos saben que sus aficionados nunca van a los partidos.

C F **5.** El equipo nunca gana.

¿Qué piensas?

Read the article in the school newspaper. Then, answer the first question in a complete sentence and give an example explaining your reason in a second sentence.

1. ¿Piensas que es difícil practicar un deporte y sacar buenas notas en la escuela? ¿Por qué?

_____

_____

2. ¿Conoces a un(a) atleta que es un(a) buena estudiante?

_____

_____

Escribir A

> ¡AVANZA! **Goal:** Write about sports.

Step 1

List 5 sports that are played on a court or in a field.

en una cancha	en un campo
1.	4.
2.	5.
3.	

Step 2

Answer the following questions in complete sentences.

1. ¿Qué sabes de béisbol?

_____

_____

2. ¿Qué jugador de béisbol conoces?

_____

_____

Step 3

Evaluate your writing using the information in the table below.

Writing Criteria	Excellent	Good	Needs Work
Content	You have responded to the questions completely.	You have responded to the questions partially.	You have not responded to the questions.
Communication	Most of your response is clear.	Some of your response is clear.	Your message is not very clear.
Accuracy	You make few mistakes in grammar and vocabulary.	You make some mistakes in grammar and vocabulary.	You make many mistakes in grammar and vocabulary.

UNIDAD 6
Lección 1

Escribir A

Escribir B

> **¡AVANZA!** **Goal:** Write about sports.

Step 1

Complete the first column with three sports that you play all the time and the second column with three sports that you do not know how to play.

Deportes que juegas	Deportes que no sabes jugar
_____	_____
_____	_____
_____	_____

Step 2

Write three sentences saying which sports you know how to play and one thing that you know you need for each. Then, write a sentence saying which sports you do not know how to play.

modelo: Yo juego al béisbol y sé que necesito un bate. Yo no sé jugar al voleibol.

_____

_____

_____

_____

_____

Step 3

Evaluate your writing using the information in the table below.

Writing Criteria	Excellent	Good	Needs Work
Content	You include all of the information.	You include some of the information.	You include little information.
Communication	Most of your message is organized and easy to follow.	Parts of your message are organized and easy to follow.	Your message is disorganized and hard to follow.
Accuracy	You make few mistakes in grammar and vocabulary.	You make some mistakes in grammar and vocabulary.	You make many mistakes in grammar and vocabulary.

Escribir C

> **¡AVANZA!** **Goal:** Write about sports.

Step 1

Complete the following table about a few sports.

Deportes que conoces	Lugares donde los juegan	Cosas que usamos para jugarlos

Step 2

In six complete sentences, write an article about one of your school's athletic events for the school newspaper. Use the verbs **jugar, saber,** and **conocer.**

_____

_____

_____

_____

Step 3

Evaluate your writing using the information in the table below.

Writing Criteria	Excellent	Good	Needs Work
Content	You include all of the verbs in your article.	You include some of the verbs in your article.	You do not include any of the verbs in your article.
Communication	Most of your message is organized and easy to follow.	Parts of your message are organized and easy to follow.	Your message is disorganized and hard to follow.
Accuracy	You make few mistakes in grammar and vocabulary.	You make some mistakes in grammar and vocabulary.	You make many mistakes in grammar and vocabulary.

Cultura A

> **¡AVANZA!** **Goal:** Review cultural information about the Dominican Republic.

1 **The Dominican Republic** Read the following sentences and answer *true* or *false*.

T F **1.** Professional baseball in the Dominican Republic is played from March through July.

T F **2.** The currency of the Dominican Republic is the Dominican peso.

T F **3.** The national sport of the Dominican Republic is soccer.

T F **4.** The capital of the Dominican Republic is Santo Domingo.

T F **5.** The Dominican Republic is part of an island.

2 **Famous Dominicans** Draw lines to match the names of some famous Dominicans with their professions.

Oscar de la Renta   writer

Pedro Martínez   singer

Juan Luis Guerra   designer

Julia Álvarez   baseball player

3 **Serie del Caribe** Describe the **Serie del Caribe.** What sport is played and who participates? When does it take place? Is it similar to any other sporting events you know of? Explain.

_____

_____

_____

_____

_____

_____

UNIDAD 6 • **Cultura A**
Lección 1

Unidad 6, Lección 1
Cultura A

70

¡Avancemos! 1b
Cuaderno: Práctica por niveles

Cultura B

> **¡AVANZA!** **Goal:** Review cultural information about the Dominican Republic.

1 **Dominican Culture** Complete the sentences about the Dominican Republic.

1. The Dominican Republic shares the island of Hispaniola with _____ .

2. Many tourists enjoy going to the _____ of the Caribbean Sea in the Dominican Republic.

3. The _____ in Santo Domingo is a memorial dedicated to the heroes of the Dominican Republic's fight for freedom from Haiti.

4. The capital of the Dominican Republic is _____ .

5. **Cazabe** is a typical _____ of the Dominican Republic.

2 **People and professions** Write down the professions of the following famous Dominicans.

Famous Dominicans	Their Professions
Julia Álvarez	_____
Oscar de la Renta	_____
Juan Luis Guerra	_____
Pedro Martínez	_____

3 **The national sport** Describe the national sport of the Dominican Republic. What is it and when is it played? In your description, talk about a special Dominican sporting event.

_____

_____

_____

_____

_____

_____

Cultura C

> **¡AVANZA!** **Goal:** Review cultural information about the Dominican Republic.

1 **The Dominican Republic** Complete the following sentences with the missing words.

1. The Dominican Republic has a _____ climate.

2. The Dominican baseball fans can go to see professional baseball games from October until the month of _____ .

3. The _____ of the Dominican Republic are popular with tourists.

4. Santo Domingo is the _____ of the Dominican Republic.

2 **Dominican Culture** Answer these questions with complete sentences.

1. What are some typical foods of the Dominican Republic? _____

_____

2. What is the **Altar de la Patria** located in Santo Domingo? _____

_____

_____

3 **Serie del Caribe** Compare the **Serie del Caribe** to another sporting event you have seen or know about. Include information about what sport is involved and when it is played. Also mention where the event is held or which countries participate, along with any famous players who have competed in the event.

_____

_____

_____

_____

_____

_____

_____

_____

_____

_____

Vocabulario A

¡AVANZA!	**Goal:** Talk about parts of the body.

1 Match each part of the body below with the activity associated with it.

_____ **1.** ojos   **a.** hablar

_____ **2.** orejas   **b.** escribir

_____ **3.** boca   **c.** mirar

_____ **4.** piernas   **d.** caminar

_____ **5.** manos   **e.** escuchar

2 Javier and his friends are at the beach. Complete the following sentences using the words in the box.

pesas	enferma	salud	bloqueador de sol

1. Es peligroso tomar el sol si no usas _____ .

2. Susana está _____ y no puede ir a la playa.

3. A Susana le duele el _____ porque bebe muchos refrescos.

4. Pedro levanta _____ en la playa.

5. Caminar en la playa es una buena actividad para la _____ .

3 Answer the following questions in complete sentences.

1. ¿Te duelen las piernas cuando caminas mucho?

_____

2. ¿Descansas mucho cuando estás enfermo(a)?

_____

3. Cuando nadas, ¿usas más las piernas o los brazos?

_____

Vocabulario B

> ¡AVANZA! **Goal:** Talk about parts of the body.

1 Alicia and her friends go to the beach. Complete each sentence with the correct word in parentheses.

1. Los chicos nadan en _____ . (las pesas / el mar / la salud)

2. Alicia usa bloqueador de sol en la _____ . (ojo / playa / piel)

3. Los amigos de Alicia hacen _____ . (esquí acuático / una cabeza / un corazón)

2 Inés and Carlos are also at the beach. Complete their conversation with the words from the box.

la piel	el sol	fuerte
bloqueador de sol	enfermo	

Inés: ¡Qué buen día! Tomamos **1.** _____ toda la mañana.

Carlos: ¿Usas **2.** _____ ? En la playa, tienes que usarlo.

Inés: Sí, lo uso. Pero me duele un poco **3.** _____ .

El sol está muy **4.** _____ .

Carlos: Es verdad. Yo no tengo sombrero y ya estoy un poco

5. _____ .

3 The following people are sick. Write complete sentences to describe what hurts.

1. **2.** **3.**

_____

_____

_____

Vocabulario C

> **¡AVANZA!** **Goal:** Talk about parts of the body.

1 Place each word from the box in the appropriate category.

herido	sano	la boca	el esquí acuático
enfermo	las orejas	dolor	el mar
los ojos	el sol	el bloqueador de sol	la nariz

	La salud	La playa	La cabeza
1			
2			
3			
4			

2 We all get sick sometimes. Complete the following sentences with the reasons why. Follow the model:

modelo: Me duelen las piernas cuando **camino mucho.**

1. Me duelen los brazos cuando _____

2. Me duele la mano cuando _____

3. Me duele el estómago cuando _____

4. Me duele la piel cuando _____

3 Write three complete sentences to describe what you do at the beach. Describe the beginning of your day, the things you do at the beach, and the end of your day.

_____

_____

_____

_____

Gramática A *Preterite of –ar Verbs*

> **¡AVANZA!** **Goal:** Use the preterite of **–ar** verbs to talk about a day at the beach.

1 Andrea and her friends spent the day at the beach. Underline the correct form of the verb in the following sentences.

1. Andrea (invitó / invité) a sus amigos a la playa.

2. Los amigos de Andrea (nadaste / nadaron) todo el día.

3. Andrea y yo (hablaron / hablamos) de los chicos en la clase.

4. Andrea y tú (llevaron / llevó) unos sombreros muy grandes.

5. ¿Tú (ayudó / ayudaste) a Andrea a bucear?

6. Andrea (comenzaste / comenzó) a levantar pesas.

2 The following students had fun at the beach. Complete the sentences using the preterite of the verbs in parentheses.

1. Lucas y yo _____ por la playa. (caminar)

2. En la noche, yo _____ en la playa. (cantar)

3. A Antonio le duelen las piernas. Él _____ mucho con Inés. (caminar)

4. ¿Ustedes _____ bloqueador de sol? (llevar)

5. Antonio _____ un sombrero. (usar)

6. Inés está cansada. Ella _____ mucho en la tarde. (bucear)

3 Answer the following questions about what you did yesterday in complete sentences.

1. ¿Levantaste pesas?

_____

2. ¿Caminaron tú y tus amigos a la escuela?

_____

3. ¿Qué estudiaste?

_____

Gramática B *Preterite of –ar Verbs*

> **¡AVANZA!** **Goal:** Use the preterite of –ar verbs to talk about a day at the beach.

1 Alejandro and his friends went to the beach. The people who went are listed in one column and the things they did are listed in the other. Put them together to create sentences. Follow the model.

Jimena	llevamos los refrescos.
Jimena y Jorge	levanté pesas en la playa y me duelen los brazos.
Jorge y yo	hablaron de las tareas de la escuela.
Tú	escuchó su música favorita.
Yo	preparaste la comida.

modelo: Jimena escuchó su música favorita.

1. _____

2. _____

3. _____

4. _____

2 Write three sentences to describe what happened at the beach. Use the information given.

1. Yo/ llevar la guitarra de Juan _____

2. Ana y yo/ nadar en el mar _____

3. Guillermo y Carina/ mirar el sol en la tarde _____

_____

4. Ustedes/ tocar la guitarra en la playa _____

3 Complete the following sentences about what you and the people you know did yesterday. Follow the model.

modelo: (mirar) Mi amigo(a) <u>Mi amigo José miró la televisión ayer.</u>

1. (celebrar) Yo _____

2. (llevar) Mis amigos _____

3. (enseñar) Mi maestro(a) _____

Gramática C *Preterite of –ar Verbs*

> **¡AVANZA!** **Goal:** Use the preterite of **–ar** verbs to talk about a day at the beach.

1 Julia spent the day at the beach with her friends. Complete the following sentences with the correct form of the verbs from the box.

| hablar | cantar | bucear | caminar | llevar |

Ayer, nosotros pasamos un rato en la playa. Primero, Juan, Armando

y yo **1.** _____ por la playa. Hoy me duelen las

piernas. Después, los chicos **2.** _____ en el mar.

Ana y Manuel **3.** _____ del equipo de béisbol de la

escuela y del partido. Lucía **4.** _____ su guitarra y

nosotros **5.** _____ por horas al lado del mar.

2 Write about the last time you went to the beach or pool with your friends. Use the preterite of the following verbs.

1. pasar _____

2. usar _____

3. hablar _____

4. comprar: _____

5. nadar: _____

3 Write an e-mail message to a classmate. Say what you did yesterday.

_____

_____

_____

_____

_____

_____

Gramática A *Stem-Changing Verbs: –car, –gar*

Level 1b, pp. 144–147

¡AVANZA! **Goal:** Use –**car** and –**gar** verbs to talk about the past.

1 Yesterday Enrique and Ana Sofía went to the beach. Complete Ana Sofía's sentences with **yo, Enrique** or **nosotros**.

1. _____ pasamos el día en la playa.

   _____ llegó primero.

2. _____ llegué cinco minutos después.

   _____ busqué un lugar cerca del mar.

3. _____ almorzó pizza después de nadar.

   _____ saqué un sándwich de mi mochila.

4. _____ jugamos fútbol en la playa.

   _____ tocó la guitarra y cantó.

2 Complete each sentence with the preterite form of the verb in parentheses.

1. Yo _____ la guitarra el sábado. (toqué / tocamos)

2. Yo _____ tarde al partido de fútbol. (llegó / llegué)

3. Tú _____ básquetbol y te duelen los brazos. (practiqué / practicaste)

4. Yo _____ a mi hermanita en su escuela. (busqué / buscaron)

5. Mi mamá _____ la ropa que compró mi hermano. (pagó / pagué)

3 Answer the following questions in complete sentences.

1. ¿Qué deporte practicaste ayer?

   _____

2. ¿A qué hora llegaste hoy a la escuela?

   _____

3. ¿Sacaste una buena nota en ciencias?

   _____

Gramática B *Stem-Changing Verbs: –car, –gar*

Level 1b, pp. 144–147

¡AVANZA! **Goal:** Use **–car** and **–gar** verbs to talk about the past.

1 What did everyone do yesterday? Choose the correct form of the verb for each sentence below.

1. Yo _____ tarde a clases.

   a. llegaste   **b.** llegamos   **c.** llegué   **d.** llegó

2. Juan _____ a sus amigos en la cafetería.

   a. busqué   **b.** buscó   **c.** buscaron   **d.** buscamos

3. Yo _____ la guitarra en la fiesta de cumpleaños de Ana.

   a. tocaron   **b.** tocaste   **c.** toqué   **d.** tocó

4. Los estudiantes _____ buenas notas en todas las clases.

   a. sacamos   **b.** saqué   **c.** sacaron   **d.** sacaste

5. Yo _____ natación ayer.

   a. practicó   **b.** practicaste   **c.** practicaron   **d.** practiqué

2 Complete the sentences with the preterite form of one of the verbs in the box.

1. Yo _____ el básquetbol y ahora me duele todo

   el cuerpo.

2. Yo _____ el piano en casa de un amigo.

3. Mi hermana _____ toda la ropa vieja del armario.

4. Nosotros _____ un buen lugar para cenar.

5. Yo _____ primero a la piscina.

> tocar
> sacar
> llegar
> practicar
> buscar

3 Create sentences about what you did yesterday. Use the preterite of the verbs provided.

1. pagar _____

2. buscar _____

3. llegar _____

Gramática C *Stem-Changing Verbs: –car, –gar*

> **¡AVANZA!** **Goal:** Use **–car** and **–gar** verbs to talk about the past.

1 Find out what everyone did yesterday by completing the sentences with the preterite form of the verb in parentheses.

1. Yo _____ a la escuela en autobús. (llegar)

2. Mis amigos _____ un lugar para comer. (buscar)

3. Yo _____ los libros que compraste. (pagar)

4. Luis _____ la basura para su padre. (sacar)

5. Yo _____ con el bate y el guante de béisbol. (practicar)

2 Write complete sentences to tell if you did or did not do the following activities.

1. comenzar la tarea tarde _____

_____

2. practicar un deporte _____

_____

3. llegar a casa temprano _____

_____

4. tocar la guitarra _____

_____

5. jugar videojuegos _____

_____

3 Write a paragraph about a recent trip to the mall. Be sure to tell when you arrived, what you looked for and how much you paid.

_____

_____

_____

_____

_____

Integración: Hablar

Level 1b, pp. 148–150
WB CD 03 track 31

Miriam's friend Rodrigo loves sports, but he has not been feeling well lately. Rodrigo calls Miriam to ask if her father can help him. Miriam's father is a doctor who writes articles about health issues for an online publication.

Fuente 1 Leer

Read Dr. Salinas's Web page article on health issues...

La salud es importante

¡Hola! Soy el doctor José Salinas. Hoy voy a hablar de la salud y de las actividades para estar sano. También quiero hablar sobre las cosas que hacen doler el cuerpo, como actividades y alimentos peligrosos para la salud. Si juegas mucho al tenis, debes levantar pesas para tener los brazos siempre fuertes. Tienes que comer muchas frutas porque son nutritivas. Debes comer bien todos los días. Si haces actividades sanas como correr dos o más veces por semana y tienes dolor en las piernas, debes correr más despacio o caminar por quince minutos y después, correr.

Fuente 2 Escuchar *WB CD 03 track 32*

Listen to Rodrigo's voicemail for Miriam. Take notes.

_____

_____

_____

_____

Hablar

What advice will Miram's father, Dr. Salinas, give to Rodrigo?

modelo: A Rodrigo le duele(n)..., el doctor Salinas va a decir que debe...

Integración: Escribir

Gabriela and Beatriz went to Puerto Plata, Dominican Republic on vacation, but Gabriela is from Arkansas and did not know much about the beach, while Beatriz is from southern California and has spent a lot of time at the beach.

Fuente 1 Leer

Read Gabriela's e-mail to Beatriz...

> ¡Hola Beatriz!
>
> Me duelen la piel y la cabeza pero no es importante porque estoy muy contenta. Ayer, Norberto, mis amigas y yo pasamos el día en la playa. Tú sabes cuánto me gusta tomar el sol. Todos hablamos por horas y horas. Caminamos por la playa y nadamos en el mar. Tomamos el sol y escuchamos música. Tengo las piernas, los brazos y la nariz rojos como tomates, pero pasamos un día muy divertido en la playa. ¿Qué hicieron ustedes?
>
> Gabriela

Fuente 2 Escuchar   *WB CD 03 track 34*

Listen to Beatriz's voice message to Gabriela. Take notes.

_____

_____

_____

_____

Escribir

Explain why Gabriela is in pain but Beatriz is not.

modelo: A Gabriela le duelen...Pero Beatriz está bien porque...

_____

_____

_____

_____

_____

_____

_____

Escuchar A

¡AVANZA! **Goal:** Listen to discussions about the body and past activities.

1 Listen to Graciela. Then, read each sentence and answer **Cierto** (*True*) or **Falso** (*False*).

C F **1.** Graciela pasó el día en la playa.

C F **2.** Miriam tomó sol.

C F **3.** Miriam usó mucho bloqueador de sol.

C F **4.** A Miriam le duelen las piernas.

C F **5.** Graciela caminó con Miriam por la playa.

2 Listen to Miriam. Then, complete the sentences with the correct word.

1. Ayer, Miriam tomó mucho _____ . (sol / refrescos)

2. El sol en la playa es muy _____ . (sano / fuerte)

3. La amiga de Miriam la llamó para saber de su _____ . (salud / amigo)

4. Miriam hoy está _____ . (enferma / tranquila)

UNIDAD 6 · Escuchar A
Lección 2

Unidad 6, Lección 2
Escuchar A

84

¡Avancemos! 1b
Cuaderno: Práctica por niveles

Escuchar B

> **¡AVANZA!** **Goal:** Listen to discussions about the body and past activities.

---

1 Listen to Lourdes and take notes. Then, match the people with what they did at the beach. People may have done more than one thing.

1. ____ Todos
2. ____ Las chicas
3. ____ Juan
4. ____ Norma
5. ____ Marcos
6. ____ Julia y Diego
7. ____ Lourdes

a. caminar por la playa
b. cantar en la noche
c. bailar
d. tocar la guitarra
e. celebrar el cumpleaños de Lourdes
f. llegar a casa tarde
g. preparar un pastel
h. practicar esquí acuático

2 Listen to Marcos. Take notes. Then, complete the sentences below:

1. Marcos y sus amigos pensaron en _____ .

2. Allí, ellos _____ de la amiga de Marcos.

3. Marcos tocó _____ y _____ música rock.

4. A Marcos le duelen _____ .

5. Todos _____ el día muy felices.

Escuchar C

> ▶ **¡AVANZA!** **Goal:** Listen to discussions about the body and past activities.

1 Listen to the doctor and take notes. Then, complete the table with the causes of each person's pain.

Dolor de	Qué hicieron
Estómago	
Piel	
Cabeza u ojos	
Brazos	
Orejas	

2 Listen to Luis' conversation with the doctor. Take notes. Then, answer the following questions:

1. ¿Por qué va Luis a ver al doctor?

_____

_____

2. ¿Por qué está enfermo Luis?

_____

_____

3. ¿Por qué el doctor le preguntó cuándo celebraron el cumpleaños de la hermana de Luis?

_____

_____

4. ¿Qué tiene que hacer Luis?

_____

_____

Leer A

¡AVANZA!	**Goal:** Read about past events.

Jaime wrote an e-mail message to his friends inviting them to spend the day at the beach.

> Hola chicos:
>
> Les escribo para invitarlos mañana a pasar el día en la playa. Yo pasé todo el sábado en la playa con mi familia y es una actividad muy divertida. Todavía me duelen los brazos porque levanté pesas. También practiqué esquí acuático. No llevé sombrero ni bloqueador de sol y todavía me duele la piel. Pero tengo ganas de ir otra vez. Pensé que si vamos todos, va a ser más divertido todavía. Voy a traer bloqueador de sol para todos.
>
> ¿Qué dicen?

¿Comprendiste?

Read Jaime's e-mail message. Then, write **sí** next to the things that Jaime said he did at the beach and **no** next to the things he didn't mention.

1. _____ ir a la playa con su familia

2. _____ llevar bloqueador de sol

3. _____ levantar pesas

4. _____ nadar toda la tarde

5. _____ mirar el mar

6. _____ practicar esquí acuático

7. _____ cantar con sus amigos.

8. _____ no llevar sombrero

¿Qué piensas?

Read Jaime's e-mail message. Then write two sentences describing what you did the last time you went to the beach or pool with your friends.

_____

_____

_____

Leer B

Level 1b, pp. 156–157

> **¡AVANZA!** **Goal:** Read about past events.

The basketball team players are sick. Before they leave the gym, they are given the following informational leaflet:

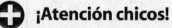 **¡Atención chicos!**

Muchos jugadores están enfermos. Ayer, ganamos el partido y a muchos chicos hoy les duele el estómago. Después del partido celebraron en el parque. Cocinaron una comida poco nutritiva y hoy están enfermos. No jugaron el partido de la tarde.

La salud es muy importante y tenemos que hacer las cosas necesarias para estar sanos.

¡Tenemos que comer comida sana!

¿Comprendiste?

Read the leaflet. Then, complete the following sentences.

1. Los chicos no jugaron el partido de hoy porque _____

2. A los chicos les duele _____

3. Les duele porque _____

4. Una de las cosas más importantes es _____

5. Tenemos que hacer todo para _____

¿Qué piensas?

Read the leaflet. Answer the first question in a complete sentence then explain your answer.

1. ¿Piensas que es importante comer comida nutritiva? ¿Por qué?

    _____

    _____

2. ¿Qué cosas hiciste ayer para estar sano(a)?

    _____

    _____

Leer B

UNIDAD 6
Lección 2

Leer C

¡AVANZA! **Goal:** Read about past events.

This morning, Claudia's mother found this note on the table.

> Mamá:
>
> Hoy no voy a la escuela porque me duele mucho la cabeza. Ayer estudié toda la noche y hoy no puedo abrir los ojos. Ya hablé con Susana y ella me trae la tarea en la tarde.
>
> Ya preparé el desayuno; está en la mesa de la cocina. Mi papá me ayudó y cocinó unos huevos. También están en la mesa.
>
> Encontré el libro que tú buscaste ayer en el armario del primer piso. Está encima de la mesita de la sala.
>
> Hablamos después
>
> Claudia

¿Comprendiste?

Read Claudia's note. Then answer the questions.

1. ¿Por qué Claudia no va a la escuela?

   _____

2. ¿Qué buscó Claudia?

   _____

3. ¿Quién ayudó a Claudia? ¿Cómo?

   _____

4. ¿Por qué Susana llevó la tarea a la casa de Claudia en la tarde?

   _____

¿Qué piensas?

Read Claudia's note. Write a short description about what you did the last time you stayed home from school because you were sick.

_____

_____

_____

_____

Escribir A

¡AVANZA! **Goal:** Write about past events.

Step 1

In the first column, list the top parts of the body. In the second column, list the bottom parts of the body.

En la parte de arriba	En la parte de abajo

Step 2

Answer the following questions about your life in complete sentences:

1. ¿Qué celebraste el último mes?

_____

2. ¿Qué música escuchaste ayer?

_____

3. ¿Qué estudiaste esta semana?

_____

Step 3

Evaluate your writing using the information in the table below.

Writing Criteria	Excellent	Good	Needs Work
Content	You have responded to the questions completely.	You have responded to the questions partially.	You have not responded to the questions.
Communication	Most of your response is clear.	Some of your response is clear.	Your message is not very clear.
Accuracy	You make few mistakes in grammar and vocabulary.	You make some mistakes in grammar and vocabulary.	You make many mistakes in grammar and vocabulary.

Escribir B

> **¡AVANZA!** **Goal:** Write about past events.

Step 1

Read the definitions and write them in the spaces below. Then, write down each of the letters in the circles and you will discover the hidden word.

1. Parte del cuerpo con la que escribimos.

2. Partes del cuerpo con las que caminamos.

3. Parte del cuerpo que recibe la comida.

4. Parte del cuerpo con la que vemos.

5. Parte del cuerpo con la que hablamos y comemos.

1. ___ ___ ___ ◯

2. ___ ___ ◯ ___ ___ ___

3. ◯ ___ ___ ___ ___ ___ ___

4. ___ ◯ ___

5. ___ ___ ___ ◯

Hidden word: _____

Step 2

Complete the following sentences using the words from the previous activity and the preterite:

1. mano /escribir _____

2. ojos / ver _____

3. oreja / escuchar _____

Step 3

Evaluate your responses to Actividad 2 using the information in the table below.

Writing Criteria	Excellent	Good	Needs Work
Content	You include all of the information.	You include some of the information.	You include little information.
Communication	Most of your message is organized and easy to follow.	Parts of your message are organized and easy to follow.	Your message is disorganized and hard to follow.
Accuracy	You make few mistakes in grammar and vocabulary.	You make some mistakes in grammar and vocabulary.	You make many mistakes in grammar and vocabulary.

Escribir C

¡AVANZA! **Goal:** Write about past events.

Step 1

Complete the table with the parts of the body and what we do with each of them.

Partes del cuerpo	¿Qué hacemos con ellas?

Step 2

You are in bed, sick. Write a four-sentence letter to a classmate telling him or her why you are sick and did not go to school. Use the preterite.

_____

_____

_____

_____

_____

_____

_____

Step 3

Evaluate your writing using the information in the table below.

Writing Criteria	Excellent	Good	Needs Work
Content	You include all of the information.	You include some of the information.	You include little information.
Communication	Most of your message is organized and easy to follow.	Parts of your message are organized and easy to follow	Your message is disorganized and hard to follow.
Accuracy	You make few mistakes in grammar and vocabulary.	You make some mistakes in grammar and vocabulary.	You make many mistakes in grammar and vocabulary.

Cultura A

> **¡AVANZA!** **Goal:** Review cultural information about the Dominican Republic.

① **Dominican Republic** Complete the following sentences with one of the multiple-choice answers.

1. The Dominican Republic shares the island of Hispaniola with _____

   a. Puerto Rico   **b.** Haití   **c.** Cuba

2. The **Festival del Merengue** includes music and _____

   a. baseball   **b.** surfing   **c.** cart races

3. The Dominican Republic is in the _____

   a. Caribbean Sea   **b.** Pacific Ocean   **c.** Gulf of Mexico

② **Dominican culture** Complete the following sentences by choosing the correct word.

1. The Festival del Merengue is celebrated every (winter / summer) in Santo Domingo.

2. The athlete Félix Sánchez won a (gold / silver) medal in the 2004 Olympic games.

3. The Dominican Republic has a (warm / cold) climate.

4. The **Altar de la** (**Nación** / **Patria**) is a monument to the Dominican heroes from the battle of 1844.

③ **Merengue** Merengue is considered to be a symbol of the Dominican Republic. Describe what instruments are used in playing merengue and what occurs at the Festival del Merengue. What would you enjoy most at the festival and why?

_____

_____

_____

_____

_____

_____

Cultura B

> **¡AVANZA!** **Goal:** Review cultural information about the Dominican Republic.

1 **Dominican culture** Draw lines to match the phrases and names on the left with their explanation on the right.

baseball   famous Dominican singer

La Hispañola   typical Dominican food

cazabe   national sport of the Dominican Republic

merengue   island of the Dominican Republic

Juan Luis Guerra   music of the Dominican Republic

2 **The Dominican Republic** Answer the following questions about the Dominican Republic.

1. What is the capital of the Dominican Republic? _____

2. What are some events at the Festival del Merengue? _____

_____

3. What instruments are used to play merengue? _____

_____

3 **Atletas famosos** Compare the athletes Félix Sánchez and Daniela Larreal with an athlete you admire or are familiar with. Mention where each athlete is from, which sport they participate in, and any championships they have competed in or awards they have won.

_____

_____

_____

_____

_____

_____

_____

Cultura C

> **¡AVANZA!** **Goal:** Review cultural information about the Dominican Republic.

1 **Dominican Republic** Read the following sentences and answer *true* or *false*.

T F **1.** The Festival del Merengue of Santo Domingo is held during the summer.

T F **2.** The athlete Félix Sánchez was born in the Dominican Republic.

T F **3.** One of the instruments used to play merengue is the accordion.

T F **4.** Paella is a typical food of the Dominican Republic.

T F **5.** The Dominican Republic is located in the Caribbean Sea.

2 **Dominican Culture** Answer the following questions with complete sentences.

1. What did the athlete Félix Sánchez promise he would do until he won a gold medal?

_____

_____

2. What is the currency of the Dominican Republic? _____

_____

3. What can people do at the Festival del Merengue?

_____

_____

3 Look at the painting on page 141 of your book. Describe the images and style of the painting. What feelings does it evoke? What does it tell you about the climate and landscape of the Dominican Republic?

_____

_____

_____

_____

_____

_____

Comparación cultural: Deportes favoritos

Level 1b, pp. 158–159

Lectura y escritura

After reading the paragraphs about the favorite sports of Felipe, Gloria, and Agustín, write a paragraph about your favorite sport. Use the information on your sports chart to write sentences, and then write a paragraph that describes your favorite sport.

Step 1

Complete the sports chart describing as many details as possible about your favorite sport.

Categoría	Detalles
nombre del deporte	
lugar	
participantes	
equipo necesario	
ropa apropiada	

Step 2

Now take the details from your sports chart and write a sentence for each topic on the chart.

_____

_____

_____

_____

_____

_____

_____

_____

Comparación cultural: Deportes favoritos

Lectura y escritura (continued)

Step 3

Now write your paragraph using the sentences you wrote as a guide. Include an introduction sentence and use the verbs **jugar** and **saber** to write about your favorite sport.

_____

_____

_____

_____

_____

_____

_____

Checklist

Be sure that…

☐ all the details about your favorite sport from your sports chart are included in the paragraph;

☐ you use details to describe where the sport is played, as well as the participants and necessary equipment and clothing.

☐ you include new vocabulary words and the verbs **jugar** and **saber.**

Rubric

Evaluate your writing using the rubric below.

Writing criteria	Excellent	Good	Needs Work
Content	Your description includes many details about your favorite sport.	Your description includes some details about your favorite sport.	Your description includes little information about your favorite sport.
Communication	Most of your description is organized and easy to follow.	Parts of your description are organized and easy to follow.	Your description is disorganized and hard to follow.
Accuracy	Your description has few mistakes in grammar and vocabulary	Your description has some mistakes in grammar and vocabulary.	Your description has many mistakes in grammar and vocabulary.

Comparación cultural: Deportes favoritos

Compara con tu mundo

Now write a comparison about your favorite sport and that of one of the three students from page 159. Organize your comparison by topics. First, write the name of the sport, then describe where is played and who participates, and lastly the clothing and equipment.

Step 1

Use the chart to organize your comparison by topics. Write details for each topic about your favorite sport and that of the student you chose.

Categoría	Mi deporte	El deporte de _____
nombre del deporte		
lugar		
participantes		
ropa apropiada		

Step 2

Now use the details from the mind map to write a comparison. Include an introduction sentence and write about each category. Use the verbs **jugar** and **saber** to describe your favorite sport, and that of the student you chose.

_____

_____

_____

_____

_____

_____

_____

_____

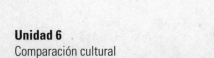

Vocabulario A

▶ ¡AVANZA! **Goal:** Talk about technology.

1 Place an "x" next to words related to computers and the Internet.

1. ____ la pantalla

2. ____ los jeans

3. ____ el mensajero instantáneo

4. ____ el teclado

5. ____ el sitio web

6. ____ la alfombra

7. ____ el icono

8. ____ el ratón

9. ____ las decoraciones

10. ____ la dirección electrónica

2 Early in the morning, Lucas connected to the Internet. Complete the following sentences with the correct word from the ones in parentheses:

1. Lucas conecta a Internet para _____ . (estar en línea / estar enfermo)

2. Para mandar un correo electrónico a su amiga, Lucas necesita

_____ . (la cámara digital / la dirección electrónica)

3. Lucas usa _____ para hablar con amigos. (el mensajero instantáneo /

quemar un disco compacto)

4. Lucas hace clic en _____ . (la pantalla / el icono)

5. Lucas escribe correos electrónicos con _____ . (el teclado /

la cámara digital)

3 Complete the following sentences about using the computer:

1. Necesito buscar algo. ¿Tú sabes _____ ?

2. Me gusta la música salsa pero no la tengo. Mi amigo la tiene y va a

_____ .

3. Yo tomo fotos con mi _____ .

Vocabulario B

| ¡AVANZA! | **Goal:** Talk about technology. |

1 Nicolás wants to send a few pictures to his friends. Put the steps below in logical order from a (for the first step) to e (for the last step).

1. Hacer clic en un icono para mandarlas _____ .

2. Conectar a Internet _____ .

3. Poner la dirección electrónica de su amigo _____ .

4. Escribir un correo electrónico con las fotos _____ .

5. Tomar las fotos con su cámara digital _____ .

2 Nicolás goes to the library to connect to the Internet. Complete the sentences using words from the box.

quemar un disco compacto	la pantalla teclado	en línea el sitio web

1. _____ está muy bien.

2. _____ es muy interesante, encuentro muchas cosas.

3. Quiero música nueva. Necesito _____ , pero en la casa no puedo.

4. Me gusta escribir pero no me gusta usar el lápiz. Es más fácil escribir en mi

   _____ . Me gusta más.

5. Mi computadora conecta a Internet. Estoy _____ en un minuto.

3 Answer the following questions about your life in complete sentences:

1. ¿ Quemaste un disco compacto la semana pasada?

   _____

2. ¿Usaste el mensajero instantáneo anteayer?

   _____

3. ¿Tomaste fotos con la cámara digital el año pasado?

   _____

Vocabulario C

> **¡AVANZA!** **Goal:** Talk about technology.

1 Mariela wants to send pictures in an e-mail to her mother. Underline the correct word of the ones in parentheses to complete each sentence.

1. Mariela toma fotos con (una pantalla / un icono / una cámara digital).

2. Para mandar las fotos por correo electrónico, primero tiene que (hacer clic / conectar a Internet / quemar un disco compacto).

3. Después, pone (la dirección electrónica / el Internet / el teclado) de su madre.

4. Mariela manda un correo electrónico con (las fotos / el ratón / la pantalla).

5. Mariela quiere tener siempre las fotos. Entonces ella piensa (un sitio web / quemar un disco compacto / la computadora).

2 Mariela connected to the Internet from a friend's house. Complete the following sentences:

1. Mariela navega _____

2. Mariela conecta _____

3. Mariela manda _____

4. Mariela toma _____

3 Write three sentences about your own computer use. Use the words from the box.

anteayer	por fin	la dirección electrónica
luego	el ratón	conectar a Internet

1. _____

2. _____

3. _____

Gramática A *Preterite of Regular –er and –ir Verbs*   **Level 1b, pp. 172–177**

| ¡AVANZA! | **Goal:** Talk about what you and others did in the past. |

1 Circle the correct verb form in the sentences below:

1. Ayer, Lorena (perdí / perdió) el dinero en el centro comercial.

2. Anteayer, Lorena y Carmen (volvieron / volvió) muy tarde.

3. Ernesto y yo (salimos / salieron) a beber un refresco.

4. Yo (subió / subí) las escaleras.

5. Tú (viste / vimos) las camisa que quieres.

2 Inés and her friends went shopping. Answer the questions with the correct form of the verb and the element in parentheses.

1. ¿A qué hora salieron ustedes de tu casa? (3:00) _____

_____

2. ¿Qué vieron Inés y Cecilia? (zapatos) _____

_____

3. ¿Dónde perdió Inés el dinero? (en la tienda de deportes) _____

_____

4. ¿Volviste a la tienda para buscarlo? (Sí) _____

_____

3 Create sentences using the following elements. Conjugate the verbs in the preterite tense. Follow the model:

modelo: ayer / nosotros / comer / para celebrar el cumpleaños de mi tía:
Ayer nosotros comimos para celebrar el cumpleaños de mi tía.

1. mi tía y Norberto / compartir / el postre: _____

2. luego / ella / abrir / los regalos: _____

3. por fin /nosotros / volver / a casa: _____

Gramática B *Preterite of Regular –er and –ir Verbs* **Level 1b, pp. 172–177**

> ¡AVANZA! **Goal:** Talk about what you and others did in the past.

1 Several friends went to the park the day before yesterday. Choose the correct form of the verb to complete the sentences.

1. Inés ____ por una hora.

   a. corriste   **b.** corrió   **c.** corrí   **d.** corrimos

2. ¿Tú ____ temprano?

   a. volví   **b.** volvieron   **c.** volvió   **d.** volviste

3. Inés y yo ____ nuestras chaquetas.

   a. perdimos   **b.** perdió   **c.** perdí   **d.** perdieron

4. Ustedes ____ su almuerzo.

   a. compartieron   **b.** compartió   **c.** compartí   **d.** compartimos

5. Yo ____ a las diez.

   a. salimos   **b.** salió   **c.** saliste   **d.** salí

2 Lorena and her friends did a lot of things the day before yesterday. Complete the sentences with the correct form of the verb in parentheses.

1. Yo _____ un correo electrónico. (escribir)

2. Lorena y Armando _____ al cine. (salir)

3. ¿Señora Barros, usted _____ el suelo de su casa? (barrer)

4. Tú _____ en el parque. (correr)

5. ¿Lorena y tú _____ el mensaje instantáneo de la fiesta? (recibir)

3 Write three sentences to describe what this family did last year. Use the preterite of the verbs in parentheses.

   modelo: Nosotros (vivir): Nosotros vivimos en otra casa.

1. Mis padres (salir): _____

2. Yo (volver): _____

3. Mi madre (vender): _____

Gramática C *Preterite of Regular –er and –ir Verbs*

¡AVANZA! **Goal:** Talk about what you and others did in the past.

---

1 Ernesto and his friends played a baseball game the day before yesterday. Complete the following text with the correct form of the verbs in the box:

Mi equipo de béisbol **1.** _____ muchos regalos ayer.

Nosotros **2.** _____ a jugar un partido de béisbol.

Yo **3.** _____ como nunca. Juan y Ariel no

4. _____ ninguna pelota. Todos jugamos muy bien.

El otro equipo también jugó muy bien. Entonces, nosotros

5. _____ los regalos con los chicos del otro equipo.

correr
perder
compartir
recibir
salir

2 Complete the following sentences about a sports event. Use the preterite of the verbs **correr, ver, perder, comprender las reglas,** and **recibir.**

1. Mis amigos y yo _____

2. Los chicos del equipo _____

3. Yo _____

4. ¿Tú _____

5. El equipo _____

3 Write three complete sentences to describe what happened at a soccer game. To begin, use one of these two expressions: **la semana pasada, el año pasado.**

_____

_____

_____

Gramática A *Affirmative and Negative Words*

> **¡AVANZA!** **Goal:** Talk about indefinite or negative situations.

1 Sofía and her family went to a restaurant and did not enjoy the experience. Draw a line from the question on the left to its correct answer on the right.

1. ¿Quién sirve la comida?
2. ¿Hay sopa o pescado?
3. ¿Tiene algo con brócoli?
4. ¿Siempre tiene carnes?
5. No hay carne. ¿Hay pollo?

a. Ni el uno ni el otro.
b. No, nunca tengo.
c. No, no hay nada.
d. Tampoco hay.
e. No hay nadie.

2 Valeria is not having a good day. Underline the word that best completes each sentence.

1. No quiere (nada / algo) de comer.
2. No quiere hablar con (alguien / nadie).
3. Valeria no quiere ni salir (ni / o) escuchar música.
4. Valeria no quiere ir al cine y, (tampoco / también) al teatro.
5. No quiere comprar (algunos / ningunos) jeans.

3 Ramiro is looking for something to do with his friends. Below are a few things they have decided not to do. Complete the sentences.

1. Ramiro no quiere ver _____ película en el cine.
2. Sus amigos no tienen hambre. No tienen ganas de comer _____ .
3. Las entradas para el teatro cuestan mucho. _____ puede comprarlas.

Gramática B   Affirmative and Negative Words

> **¡AVANZA!**   **Goal:** Talk about indefinite or negative situations.

1 Complete the following dialog using **o...o, tampoco, algo, ni...ni...** or **alguien.**

1.	**Alejo**	Hola. ¿_____ sabe quemar un disco compacto?
2.	**Sara**	No, yo no sé y Rita _____ sabe.
3.	**Rita**	Yo sé hacerlo. Necesitas usar _ el ratón _ el teclado.
4.	**Sara**	No. Pienso que no necesitas _ el raton _ el teclado.
5.	**Rita**	¡Pero él tiene que usar ___!

2 Osvaldo and Carmen are always opposites in what they do and want. Write complete sentences stating what Carmen does or wants. Follow the model.

modelo: Osvaldo quiere comprar algunos pantalones. Carmen no quiere comprar
ningún pantalón.

1. Osvaldo prefiere un jugo o un refresco. Carmen _____

2. Osvaldo siempre está contento. Carmen _____

3. Osvaldo siempre habla con alguien por Internet. Carmen nunca _____

_____

4. A Osvaldo también le gusta usar el mensajero instantáneo. A Carmen _____

_____

3 Use the information in the table below to create three complete sentences about what Osvaldo does or does not do. Use each element once:

Nunca	comprar	nada
Siempre	recibir	alguna cosa
De vez en cuando	compartir	alguien

1. _____

2. _____

3. _____

_____

Gramática C *Affirmative and Negative Words*

> **¡AVANZA!** **Goal:** Talk about indefinite or negative situations.

1 Elena is angry with Miriam. Rewrite the following sentences about what she is feeling, to make them negative.

1. Quiero saber algo de Miriam hoy.

_____

2. Hay alguna persona tan enojada como yo ahora.

_____

3. Ella siempre compartió sus libros y sus discos compactos.

_____

4. Ella sale con alguien.

_____

5. Ella quiere tener muchos amigos.

_____

2 Miriam is sad because one of her friends is angry with her. That's why she is not in the mood to do anything today. Complete the sentences. Use **ningún, nunca, nada, nadie** y **tampoco.**

1. Miriam no quiere _____

2. Miriam _____

3. Miriam no quiere _____

4. Miriam _____

5. Miriam no tiene _____

3 Write two complete sentences about what you do at the times in parentheses. Use affirmative or negative expressions. Follow the model.

modelo: (después de trabajar) Yo siempre como papas fritas después de trabajar.

1. (antes del desayuno) _____

2. (los domingos) _____

3. (después de las clases) _____

Integración: Hablar

Level 1b, pp. 182–184
WB CD 04 track 01

Guillermo sends an e-mail to all his friends with pictures he took with his new digital camera.

Fuente 1 Leer

Read Guillermo's e-mail to all of his friends.

> De: Guillermo   A: Todos mis amigos
>
> Tema: Fotos nuevas
>
> ¡Hola a todos!
>
> Estoy muy contento porque anteayer recibí regalos. ¡Qué fantástico! Mi papá me compró una cámara digital y también otra cosa. Cuando volví de la escuela, ¡mi papá abrió una computadora nueva! Ayer tomé algunas fotos con la cámara digital y las mando con este correo electrónico. Ustedes son los primeros que las ven, pero más tarde voy a ponerlas en un sitio web. Hoy mando más fotos a todos los chicos de la escuela.
>
> Guillermo

Fuente 2 Escuchar   *WB CD 04 track 02*

Listen to the message Luis left on Guillermo's voicemail. Take notes.

_____

_____

_____

_____

Hablar

Tell what Luis is trying to do and what problem he encounters.

modelo: Luis quiere... Pero...

Unidad 7, Lección 1
Integración: Hablar

108

¡Avancemos! 1b
Cuaderno: Práctica por niveles

UNIDAD 7
Lección 1

Integración:
Hablar

Integración: Escribir

Soledad has a digital camera and repeatedly tries to send pictures attached in her e-mails without success. She goes to a Web site to get instructions. Still, she doesn't seem to be able to do what she wants, so she calls and leaves a message with customer service.

Fuente 1 Leer
Read Soledad's digital camera Web site instructions...

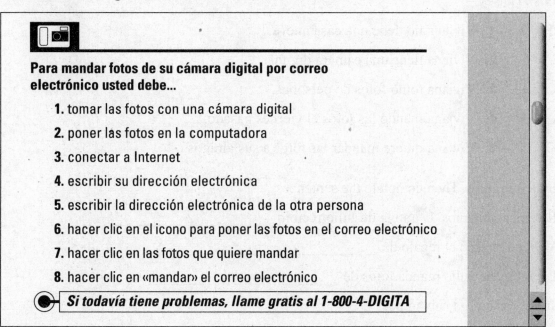

Para mandar fotos de su cámara digital por correo electrónico usted debe...

1. tomar las fotos con una cámara digital
2. poner las fotos en la computadora
3. conectar a Internet
4. escribir su dirección electrónica
5. escribir la dirección electrónica de la otra persona
6. hacer clic en el icono para poner las fotos en el correo electrónico
7. hacer clic en las fotos que quiere mandar
8. hacer clic en «mandar» el correo electrónico

Si todavía tiene problemas, llame gratis al 1-800-4-DIGITA

Fuente 2 Escuchar *WB CD 04 track 04*
Listen to Soledad's message to a customer service department. Take notes.

_____

_____

_____

_____

Escribir
Explain why Soledad's pictures are not being sent in her e-mails.

modelo: Soledad no... Ella tampoco...

_____

_____

_____

_____

_____

Escuchar A

¡AVANZA! **Goal:** Listen to discussions of various activities.

1 Listen to Viviana. Then, read each sentence below and answer **cierto** (true) or **falso** (false).

C   F   **1.** Viviana no tiene una casa nueva.

C   F   **2.** Viviana tiene una cámara digital.

C   F   **3.** Viviana tomó fotos de personas.

C   F   **4.** Viviana mandó las fotos el viernes pasado.

C   F   **5.** Viviana quiere mandar las fotos a sus amigos.

2 Listen to Julio. Then complete the sentences.

1. En su cumpleaños, la amiga de Julio recibió _____.

2. Viviana recibió el regalo de _____.

3. La amiga de Julio manda fotos de _____.

4. Julio y su amiga hablan por _____.

Unidad 7, Lección 1
Escuchar A

110

¡Avancemos! 1b
Cuaderno: Práctica por niveles

UNIDAD 7 • Escuchar A
Lección 1

Escuchar B

> **¡AVANZA!** **Goal:** Listen to discussions of various activities.

1 Listen to Sebastián and take notes. Then, draw a line between the people and the photos they take.

1. Nicolás   **a.** de coches y autobuses

2. Miriam   **b.** del mar y la playa

3. Sebastián   **c.** de parques

4. Silvana   **d.** de personas

5. Pedro   **e.** de casas viejas

2 Listen to the conversation between Pedro and Silvana. Take notes. Then, complete the following sentences:

1. Pedro no mandó las fotos al _____

2. Pedro piensa que a nadie _____

3. Anteayer, Silvana mandó a Pedro fotos de _____

_____

4. Cuando Pedro vio las fotos, nunca pensó en _____

_____

Escuchar C

Level 1b, pp. 190–191
WB CD 04 tracks 09-10

 Goal: Listen to discussions of various activities.

1 Listen to Armando and take notes. Then complete the following table with the information:

Persona que trae el regalo	Regalos	¿Para qué usa el regalo?
padre		
tío		
hermano		

2 Listen to the conversation between Javier and Sandra. Take notes. Then answer the following questions:

1. ¿Por qué tiene el hermano de Javier muchos regalos?

_____

2. ¿Dónde vivió el hermano de Javier el año pasado?

_____

3. ¿Quién vivió en la casa de la abuela: Javier o su hermano?

_____

4. ¿Por qué alguien tiene que estar con la abuela?

_____

5. ¿Cuándo es el cumpleaños de Javier?

_____

Leer A

> **¡AVANZA!** **Goal:** Read about various activities.

Soledad is on vacation in Argentina. She sends this e-mail to her friend Agustín.

> Hola, Agustín:
>
> Estoy muy contenta. Ayer tomé muchas fotos y las mando con este correo electrónico. No sé la dirección electrónica de Jimena. ¿Puedes mandar tú las fotos? O mejor, ¿puedes mandar su dirección electrónica? Yo voy a mandar las fotos de ayer y las que mandé la semana pasada.
>
> Ayer, comí una carne muy rica y salí a caminar por unos parques muy grandes.
>
> ¿Recibiste mi correo electrónico anteayer?
>
> ¿Vas a contestar algún día? Todavía no mandas ningún correo electrónico.
>
> Adiós,
>
> Soledad

¿Comprendiste?

Read Soledad's e-mail. Then place an "x" next to the things she did.

1. tomar fotos _____

2. ir al centro comercial _____

3. comer _____

4. caminar _____

5. escribir a Jimena _____

6. ir a la playa _____

7. almorzar en un restaurante muy grande _____

8. estar enferma una semana _____

¿Qué piensas?

Read Soledad's e-mail. Then answer the following questions:

¿Quieres ir a otros países y tomar fotos ¿Por qué?

_____

_____

Leer B

| ¡AVANZA! | **Goal:** Read about various activities. |

Santiago uses the instant messaging every day with a group of friends from other countries.

Santiago dice:

> ¡Hola a todos! ¿Cómo están? Estoy triste. Ayer hablé con los chicos de Argentina pero no vi a ninguno en el mensajero instantáneo.

Sofía dice:

> ¡Hola, Santiago! Yo ayer no hablé por mensajero instantáneo porque salí con algunas amigas al cine.

Ernesto dice:

> ¡Hola, Santiago! ¿Cómo estás? Yo tampoco hablé por mensajero instantáneo porque estudié toda la tarde.

Viviana dice:

> ¡Hola, Santiago! Yo no hablé por mensajero instantáneo porque salí a almorzar con mis padres y después salimos a comprar algunas cosas para mi cuarto. Nadie habló ayer por mensajero instantáneo.

¿Comprendiste?

Read the instant messenger conversation. Then, choose the correct answer about what each person did.

1. Ernesto: _____
2. Viviana: _____
3. Santiago: _____
4. Sofía: _____

a. comió en un restaurante

b. pasó un rato con amigas

c. conectó a Internet

d. estudió mucho

¿Qué piensas?

¿Te gusta hablar con amigos por mensajero instantáneo? ¿Por qué?

_____

_____

Unidad 7, Lección 1
Leer B

114

¡Avancemos! 1b
Cuaderno: Práctica por niveles

UNIDAD 7
Lección 1

Leer B

Leer C

> **¡AVANZA!** **Goal:** Read about various activities.

Víctor is on a trip. He writes a diary to remember everything he did in each place.

> **15 de marzo:** Hoy paseé por parques muy grandes. Salí a caminar con unos amigos nuevos. Comí una carne muy rica y bebí jugos de frutas de aquí.
>
> **16 de marzo:** Hoy no salí con amigos. Volví a los parques porque ayer perdí mi cámara digital en el parque. Por fin, la encontré.
>
> Después comí pescado y ensalada.
>
> **17 de marzo:** Hoy abrí la puerta de mi cuarto y encontré a todos mis amigos. Algunos prepararon una fiesta porque mañana voy a volver a mi país.

¿Comprendiste?

Read Victor's diary and imagine that today is March 17th. Then, list the things he did in the appropriate column.

Hoy	Ayer	Anteayer
1.	1.	1.
2.	2.	2.
3.	3.	3.
		4.

¿Qué piensas?

Read Victor's diary. Answer the first question in a complete sentence. Then, explain your answer.

1. ¿Piensas que puedes viajar solo?

_____

2. ¿Por qué?

_____

Escribir A

> **¡AVANZA!** **Goal:** Write about various activities.

Step 1

List three places where you have taken photos with a digital camera.

1.	
2.	
3.	

Step2

Write three sentences about the places where you have taken photos and what you did there. Include the words **hoy**, **ayer**, and **anteayer**:

_____

_____

_____

_____

_____

Step 3

Evaluate your writing using the information in the table below.

Writing Criteria	Excellent	Good	Needs Work
Content	You have included three sentences about the places you have been and what you did there.	You have included two sentences about the places you have been and what you did there.	You have included one sentence or less about the places you have been and what you did there.
Communication	Most of your response is clear.	Some of your response is clear	Your message is not very clear.
Accuracy	You make few mistakes in grammar and vocabulary.	You make some mistakes in grammar and vocabulary.	You make many mistakes in grammar and vocabulary.

Escribir B

> **¡AVANZA!** **Goal:** Write about various activities.

Step 1

Write a list of four activities you do during the summer.

1.	
2.	
3.	
4.	

Step 2

Write four complete sentences that describe what you did last summer. Use the preterite of three different **–er** and **–ir** verbs.

_____

_____

_____

Step 3

Evaluate your writing using the information in the table.

Writing Criteria	Excellent	Good	Needs Work
Content	You included four sentences that describe what you did last summer.	You included three sentences that describe what you did last summer.	You included two or fewer sentences that describe what you did last summer.
Communication	Most of your message is organized and easy to follow.	Parts of your message are organized and easy to follow.	Your message is disorganized and hard to follow.
Accuracy	You make few mistakes in grammar and vocabulary.	You make some mistakes in grammar and vocabulary.	You make many mistakes in grammar and vocabulary.

Escribir C

> ¡AVANZA! **Goal:** Write about various activities.

Step 1

Write a list of four things you and your friends buy at the mall.

1.	
2.	
3.	
4.	

Step2

The day before yesterday you went to the mall with your friends. Use the list above to write five complete sentences that describe what all or some of you did. Include the words **alguna** and **ninguna.**

_____

_____

_____

_____

_____

Step3

Evaluate your writing using the information in the table below.

Writing Criteria	Excellent	Good	Needs Work
Content	You include five sentences that describe what you and your friends did at the mall.	You include three to four sentences that describe what you and your friend did at the mall.	You include two sentences or less that describe what you and your friend did at the mall.
Communication	Most of your message is organized and easy to follow.	Parts of your message are organized and easy to follow.	Your message is disorganized and hard to follow.
Accuracy	You make few mistakes in grammar and vocabulary.	You make some mistakes in grammar and vocabulary.	You make many mistakes in grammar and vocabulary.

Cultura A

> **¡AVANZA!** **Goal:** Review cultural information about Argentina.

1 **Argentina** Read the following sentences about Argentina and answer *true* or *false*.

T F **1.** The capital of Argentina is Buenos Aires.

T F **2.** Argentina is located in South America.

T F **3.** Jorge Luis Borges was a famous Argentine painter.

T F **4.** The **bandoneón** is an Argentine musical instrument similar to the accordion.

T F **5.** Many Argentines use **vos** instead of **tú**.

2 **Argentine culture** Draw lines to match the names or phrases on the left with their explanation on the right.

asado	a variety of slang from Buenos Aires
Carlos Gardel	the widest street in the world
gaucho	typical Argentine food
Avenida 9 de Julio	Argentine cattleman
lunfardo	famous tango singer

3 **Visiting Argentina** In Argentina there are many places to visit and many interesting things to see. Write down the interesting things to see in the following places in Argentina.

Places to visit	Interesting things to see
el Barrio de San Telmo	_____
las **pampas**	_____
Plaza de la República	_____
	_____
the city of Mar del Plata	_____

Cultura B

> ¡AVANZA! **Goal:** Review cultural information about Argentina.

1 **Argentina** Choose the correct word to complete the sentences.

1. The city of Mar del Plata is famous for its _____ .

2. The _____ is a popular Argentine dance.

3. Many Argentines don't use **tú,** but instead use _____ .

4. The capital of Argentina is _____ .

5. The _____ raise cattle and are cultural icons in Argentina.

2 **About Argentina** Answer the following questions about Argentina in complete sentences.

1. What was the profession of Carlos Gardel? _____

2. What do the **lunfardo** terms **gomias** and **zapi** mean? _____

3. What is the name of the musical instrument that is similar to an accordion and used in tango music? _____

3 Write a description of how you would spend a day at the beach in Mar del Plata, Argentina. What time of year would you travel there and why? What activities would you participate in? What might you see there?

_____

_____

_____

_____

_____

_____

_____

_____

UNIDAD 7 • Lección 1
Cultura B

Unidad 7, Lección 1
Cultura B

120

¡Avancemos! 1b
Cuaderno: Práctica por niveles

Cultura C

¡AVANZA! **Goal:** Review cultural information about Argentina.

---

1 **Sites in Argentina** In Argentina, there are many interesting things to see. Write down what can be seen at the following famous sites of Argentina.

Famous sites of Argentina	What to see
Barrio de San Telmo	_____
Las pampas	_____
Plaza de la República	_____
Mar del Plata	_____

2 **Argentina** Answer these questions about Argentina using complete sentences.

1. What do some people call the city of Buenos Aires because of its European architecture?

   _____

2. Which avenue in Argentina is considered to be the widest in the world?

   _____

3. What people of Argentina are considered to be cultural icons? _____

   _____

3 **Lunfardo** Describe what **lunfardo** is. How and where did it develop? What are some examples of **lunfardo?**

_____

_____

_____

_____

_____

_____

_____

Vocabulario A

> ¡AVANZA! **Goal:** Discuss where you like to go with your friends.

1 Griselda and Raúl go to fun places. Place an X next to the logical sentences.

1. Griselda prepara la comida en el acuario. _____

2. Raúl y Griselda aprenden mucho en el museo. _____

3. Griselda y sus amigos leen mucho en el parque de diversiones. _____

4. A Griselda le gustan los animales y va mucho al zoológico. _____

5. Raúl compra el boleto de los autitos chocadores. _____

6. Griselda aprende de animales del mar en la vuelta al mundo. _____

2 It was fun! Look at the drawings and complete the following sentences.

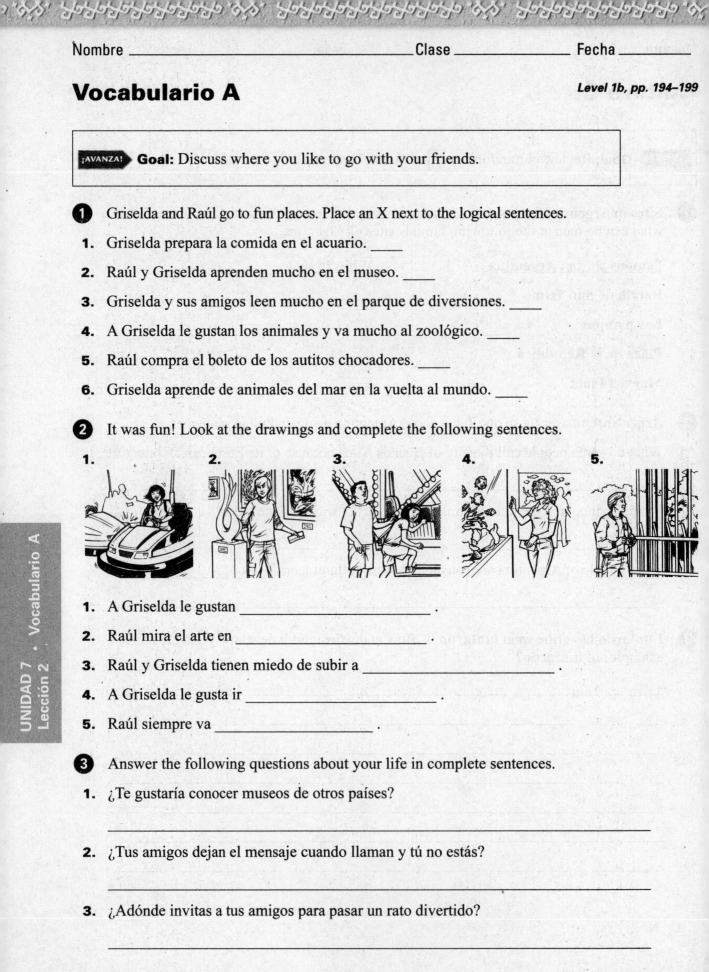

1. A Griselda le gustan _____ .

2. Raúl mira el arte en _____ .

3. Raúl y Griselda tienen miedo de subir a _____ .

4. A Griselda le gusta ir _____ .

5. Raúl siempre va _____ .

3 Answer the following questions about your life in complete sentences.

1. ¿Te gustaría conocer museos de otros países?

_____

2. ¿Tus amigos dejan el mensaje cuando llaman y tú no estás?

_____

3. ¿Adónde invitas a tus amigos para pasar un rato divertido?

_____

Vocabulario B

¡AVANZA! **Goal:** Discuss where you like to go with your friends.

---

1 Laura and her friends want to have fun. List related words from the box in the appropriate columns of the table.

| parque de diversiones | biblioteca | acuario |
| museo | autitos chocadores | zoológico |

Para pasar un rato divertido	Para aprender de animales	Para aprender otras cosas

2 Laura wants to ask Tomás to go to the amusement park. She calls him on the phone. Complete their conversation with an appropriate expression.

Laura: **1.** ¿_____ ? **2.** ¿_____ hablar con Tomás?

Madre de Tomás: ¿Laura? ¿Cómo estás? Un momento, a ver... no, él no

3. _____ . ¿Quieres dejar un mensaje?

Laura: ¿No está? **4.** ¡_____ ! Sí. Quiero dejar un mensaje.

Quiero saber si **5.** _____ ir al parque de diversiones.

Madre de Tomás: ¡Claro que sí! Él invitó a su hermano Diego, pero Diego no puede ir.

Yo pienso que **6.** _____ .

3 **¿Qué prefiere?** Complete the first part of the following sentences with something each person does not want to do and the second part with what each person prefers instead.

1. A Lucas no le gustaría ir a _____ , prefiere

_____ .

2. Carina tiene miedo de _____ , le gustaría más

_____ .

3. Norma no quiere subir a _____ , pero le encantaría

_____ .

Vocabulario C

> **¡AVANZA!** **Goal:** Discuss where you like to go with your friends.

1 My friends do many fun things. Draw a line between the activity they want and the place for it.

1. Los chicos quieren ver animales.

a. Van al parque de diversiones.

2. Los chicos quieren ver animales del mar.

b. Van al zoológico.

3. Los chicos quieren subir a la vuelta al mundo.

c. Van al museo.

4. Los chicos quieren ver el arte.

d. Van al acuario.

2 I went to the amusement park and other fun places with Gastón. Complete the following sentences with what you think happened.

1. Gastón subió a los autitos chocadores pero primero _____

_____

2. Gastón y yo vimos todo el parque de diversiones cuando _____

_____

3. A Gastón no le gustan los lugares peligrosos, entonces _____

_____

4. También, en el zoológico _____

_____

5. «¡Qué aburrido!» dice Gastón cuando _____

_____

3 Write three complete sentences describing fun activities that you would like to do with your friends this weekend.

_____

_____

_____

Gramática A *Preterite of ir, ser, hacer*

> **¡AVANZA!** **Goal:** Say where you went, what you did, and how it was.

---

1 Fabiana and her friends did many things. Underline the correct form of each verb below.

1. Fabiana (fueron / fue) al museo.

2. Fabiana y yo (hicimos / hizo) algunas llamadas a nuestros amigos.

3. Adrián y Fabiana (hizo / hicieron) esquí acuático.

4. Subir a la vuelta al mundo (fue / fuimos) divertido.

5. ¿Tú (fue / fuiste) al acuario?

2 What did Fabiana's friends do? Complete the sentences with the preterite of the verbs in parentheses.

1. Fabiana _____ muy simpática con Jorge. (ser)

2. Fabiana y Josefina _____ a comer a un restaurante bueno. (ir)

3. ¿Tú _____ el campeón de tenis el año pasado? (ser)

4. ¿Qué _____ ustedes anteayer? (hacer)

5. Pablo _____ esquí acuático. (hacer)

6. Fabiana, Pablo y yo _____ al parque de diversiones. (ir)

7. Roberto y Patricio no fueron al parque de diversiones, ellos _____

   las tareas. (hacer)

8. _____ muy divertida la actividad. (ser)

3 Write three sentences about what happened last Saturday. Use the following elements.

1. Yo / ir / casa de mis amigos _____

   _____

2. Yo / ser / estudioso _____

   _____

3. Yo / hacer / la tarea _____

   _____

Gramática B *Preterite of ir, ser, hacer*

¡AVANZA! **Goal:** Say where you went, what you did, and how it was.

1 Fabio and his friends went out last week. Read the information in the table and write complete sentences with it.

Fabio	fui a la casa de Fabio.
Fabio y yo	hiciste una comida muy rica.
Yo	hicimos algunas compras.
Fabio y Soledad	fue al acuario.
Tú	fueron buenos amigos y compraron los boletos para nosotros.

1. _____
2. _____
3. _____
4. _____
5. _____

2 Federico and Agustina invited a friend to dinner. Complete the friend's sentences using the preterite of **ir, ser,** or **hacer**.

1. Federico _____ una sopa nutritiva. ¡Qué rica!

2. Federico y Agustina _____ a comprar las cosas para preparar la cena.

3. Federico y Agustina _____ muy simpáticos en la cena.

4. Yo _____ el postre.

5. Agustina y yo _____ a comprar el jugo de naranja.

3 What did you do for fun last week? Write three complete sentences using the preterite of **ir, ser,** and **hacer**. Follow the model:

modelo: Yo hice esquí acuático.

1. _____
2. _____
3. _____

Gramática C Preterite of *ir, ser, hacer*

Level 1b, pp. 200–205

> ¡AVANZA! **Goal:** Say where you went, what you did, and how it was.

1 Emiliano spent a fun day with his friends. Complete the text with the correct form of **ir, ser,** or **hacer**.

Anteayer, mis amigos y yo **1.** _____ a pasar un día en

la playa. ¡Qué divertido! Fernando y Lupe **2.** _____

esquí acuático y también bucearon. Después, ellos y yo tocamos la

guitarra y cantamos. Por la tarde, **3.** _____ mucho sol

y calor, entonces algunos chicos **4.** _____ a buscar

más refrescos y los otros nadaron en el mar. **5.** ¡_____

un día perfecto!

2 Create five sentences about the activities and relationships of Emiliano and his friends, using the preterite of **ir, ser,** and **hacer.**

| Emiliano |
| Fernando |
| yo |
| Marcos |

1. _____

2. _____

3. _____

4. _____

5. _____

3 ¿Qué hiciste la semana pasada? Write an e-mail to a friend about last week's activities. Write four complete sentences using the preterite of **ir, ser**, and **hacer.**

_____

_____

_____

_____

UNIDAD 7
Lección 2 • Gramática C

Gramática A *Pronouns after Prepositions*

> **¡AVANZA!** **Goal:** Talk about activities you did with friends.

1 Patricia invited her friends to the movies. Circle the correct pronoun for each sentence below.

1. Patricia buscó a Pablo y él fue con (ella / nosotros).

2. Nosotros fuimos al cine a las dos. Los chicos hablaron con (ellos / nosotros) a las dos y media.

3. Mi semana fue muy triste. Ir al cine fue muy bueno para (ti / mí).

4. Fui (contigo / conmigo) al cine porque tú eres una buena amiga.

5. ¡Qué divertido fue el día que tú fuiste (contigo / con nosotros) al cine!

2 Patricia and her friends had a good time at the movies. Complete each sentence with the correct pronoun.

1. A Patricia le gustó la película. Fue muy interesante para _____ .

2. Yo invité a Matías porque me gusta estar con _____ .

3. Tú invitaste a Juana porque te gusta hablar con _____ .

4. A _____ también me gustó la película.

5. No sabemos qué le gusta a Patricia. Nunca habla de _____ .

3 Answer the following questions about your life in complete sentences. Use the same prepositions in your answer as in the question and the correct pronouns after them.

1. ¿A ti te gusta ir de compras?

_____

2. ¿Vas al cine con tus amigos el fin de semana?

_____

3. ¿Tus padres van contigo al centro comercial?

_____

Unidad 7, Lección 2
Gramática A

128

¡Avancemos! 1b
Cuaderno: Práctica por niveles

UNIDAD 7 • Gramática A
Lección 2

Gramática B *Pronouns after Prepositions*

¡AVANZA! **Goal:** Talk about activities you did with friends.

---

1 Sarita and her friends went shopping last weekend. Choose the correct pronoun to complete the sentences.

1. Al padre de Ana le gustan las camisas y Ana compró algunas para _____ .

   a. él   **b.** nosotros   **c.** mí

2. Sandra compró un libro para _____ , porque sabe que me gusta leer.

   a. ella   **b.** yo   **c.** mí

3. Sarita fue _____ a la tienda de deportes porque yo sé de deportes.

   a. contigo   **b.** conmigo   **c.** con ella

2 Use the information given to create complete sentences. Exchange the correct pronoun for the information in parentheses.

   modelo: Yo / hablar con (Julia). Yo hablé con ella.

1. Yo / comprar un regalo para (mi hermano). _____

2. Mis amigos / compartir con (tú) su almuerzo. _____

_____

3. Tú / no encontrar el disco compacto para (Soledad) y para (yo). _____

_____

4. ¡Qué divertido! Nosotros / cantar el "feliz cumpleaños" para (tú). _____

_____

3 Answer the following questions about your life in complete sentences. Use the correct pronoun after the prepositions given.

1. Para ti, ¿cuál es el deporte más peligroso?

_____

2. ¿Quién va al cine contigo?

_____

3. En tu familia, ¿quién compra los regalos de cumpleaños para ustedes?

_____

_____

Gramática C *Pronouns after Prepositions*

> **¡AVANZA!** **Goal:** Talk about activities you did with friends.

1 Yesterday, Silvia and some friends went to the museum. Read the sentences below and complete the second part with the correct pronoun after each preposition.

1. Yo invité a mis amigos al museo. A _____ les gusta el arte.

2. Mis amigos dicen que buscan a Norma y vienen con _____.

3. Joaquín, el autobús llega cerca de tu casa. Está cerca de _____.

4. El museo está al lado de la escuela. Está al lado de _____.

5. Silvia compra los boletos para Joaquín, para José, para Norma y para mí. Ella los compra

para _____.

2 Our friends got to the museum late. Write complete sentences using the pronouns in parentheses after a preposition.

1. (mí) _____

2. (ti) _____

3. (nosotros) _____

4. (ella) _____

5. (conmigo) _____

3 Write three complete sentences about what you did last week. Use pronouns after prepositions.

1. _____

2. _____

3. _____

Integración: Hablar

Level 1b, pp. 210–212
WB CD 04 track 11

Alejandra and Cecilia want to meet on Saturday. But they have different plans and are available at different times.

Fuente 1 Leer

Read Alejandra's e-mail to Cecilia...

De: Alejandra   A: Cecilia

Tema: Invitación para el sábado

¡Hola Cecilia!

El fin de semana pasado fui al parque de diversiones y, ¡qué divertido! ¿Te gustaría venir conmigo el sábado? Hay una vuelta al mundo muy grande. Yo sé que te gustan mucho la vuelta al mundo y los autitos chocadores. ¿Puedes venir o por la mañana o por la tarde? Si vamos por la tarde, podemos almorzar en un café en el parque. Manda un correo electrónico o llama por teléfono. Si me llamas a casa y no estoy, me puedes dejar un mensaje en mi teléfono celular.

Alejandra

Fuente 2 Escuchar   WB CD 04 track 12

Listen to Cecilia's message on Alejandra's cell phone. Take notes.

_____

_____

_____

Hablar

According to their schedules, when can Alejandro and Cecilia meet on Saturday? What activities can they do together? What can't they do?

modelo: Alejandra y Cecilia pueden ir... Luego, ellas... No pueden...

Integración: Escribir

Level 1b, pp. 210–212
WB CD 04 track 13

There is a new baseball museum in the city. It is advertised in newspapers and people are interested in going there.

Fuente 1 Leer

Read the Museum's newspaper ad...

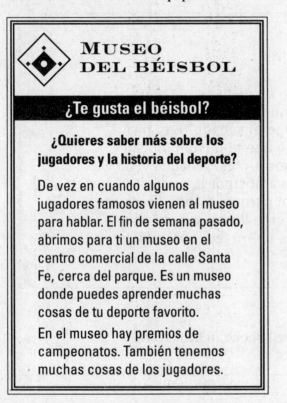

MUSEO
DEL BÉISBOL

¿Te gusta el béisbol?

¿Quieres saber más sobre los jugadores y la historia del deporte?

De vez en cuando algunos jugadores famosos vienen al museo para hablar. El fin de semana pasado, abrimos para ti un museo en el centro comercial de la calle Santa Fe, cerca del parque. Es un museo donde puedes aprender muchas cosas de tu deporte favorito.

En el museo hay premios de campeonatos. También tenemos muchas cosas de los jugadores.

Fuente 2 Escuchar   *WB CD 04 track 14*

Listen to the explanations given through loudspeakers in the museum. Take notes.

_____

_____

_____

Escribir

Describe what people can see in the museum.

modelo: En el museo... También las personas pueden...

_____

_____

_____

_____

Escuchar A

> **¡AVANZA!** **Goal:** Listen to discussions about fun activities with friends.

1 Listen to Federico. Then, place an "x" next to the sentences that describe what happened.

1. Federico y sus amigos fueron al parque de diversiones. _____

2. Federico y sus amigos fueron al zoológico. _____

3. Todos subieron a la vuelta al mundo pero Susana no subió. _____

4. Raúl habló con sus amigos para subir a los autitos chocadores. _____

5. Raúl subió a los autitos chocadores pero nadie más subió. _____

6. Todos subieron a los autitos chocadores. _____

2 Listen to Susana. Then, complete the sentences.

1. Susana tiene _____ de los lugares peligrosos.

2. Susana cree que _____ es peligrosa.

3. Todos hablaron _____ pero no subió.

4. Después del _____ , fueron a la casa de Noemí.

Escuchar B

Level 1b, pp. 218–219
WB CD 04 tracks 17–18

> **¡AVANZA!** **Goal:** Listen to discussions about fun activities with friends.

1 Listen to Teresa and take notes. Then, underline the word that completes each sentence.

1. Teresa invitó a Jaime al (acuario / zoológico).

2. A Teresa le gusta ir con (él / ella).

3. Jaime sacó buenas notas en ciencias el (mes pasado / año pasado).

4 Teresa aprendió cosas de (animales / buenas notas).

5. Teresa piensa que el zoológico es un lugar muy (aburrido / interesante).

2 Listen to Jaime and take notes. Then, complete the table below with the information requested.

¿Qué recibió Jaime?	¿De quién?	¿Cuándo?
el boleto	de Teresa	
un libro de los zoológicos de todos los países	de su papá	
un libro con fotos de todos los animales	de su mamá	

Escuchar C

> **¡AVANZA!** **Goal:** Listen to discussions about fun activities with friends.

1 Listen to Luis. Then, write four things that happened in Catalina's house and four things that happened in the movie.

En la casa de Catalina	**En la película**
1. _____	1. _____
_____	_____
2. _____	2. _____
_____	_____
3. _____	3. _____
_____	_____
4. _____	4. _____
_____	_____

2 Listen to Catalina's conversation and take notes. Then, answer the following questions:

1. ¿Quiénes fueron a la casa de Catalina?

_____

2. ¿Cuándo fueron los chicos a comprar refrescos?

_____

3. ¿Qué tiene Manuel?

_____

4. ¿Por qué tocó Luis la guitarra para María?

_____

5. ¿Qué piensa Catalina de recibir amigos en su casa?

_____

Leer A

¡AVANZA! **Goal:** Read about a few activities.

Vanesa has a diary. Yesterday, she went out with friends and she wrote about it in her diary.

Martes, 23 de septiembre.

Hoy salí con Gastón y Julieta. Fuimos al parque de diversiones. ¡Qué divertido! A Julieta le gusta ir conmigo cuando sale. Dice que le encanta salir conmigo. Vamos a todos los lugares. También es muy divertido salir con Gastón. Gastón y yo subimos a la vuelta al mundo. Julieta fue a comprar algo de beber y no subió. Ella tiene miedo de subir tan alto. Gastón y Julieta subieron a los autitos chocadores y yo saqué mi teléfono celular y hablé con otro amigo. No me gustan los autitos chocadores. Les tengo miedo.

Volvimos muy tarde pero contentos.

¿Comprendiste?

Read Vanessa's diary. Draw a line from the people's names below to what each person did.

1. Julieta

2. Julieta, Vanesa y Gastón

3. Vanesa

4. Vanesa y Gastón

5. Vanesa y Julieta

a. Hizo una llamada.

b. Sale siempre con Vanesa.

c. Fue a comprar refrescos.

d. No tiene miedo de subir alto.

e. Salieron para divertirse.

¿Qué piensas?

Read Vanessa's diary. Answer the following question in a complete sentence.

1. ¿Qué te gustaría hacer: subir a la vuelta al mundo, a la montaña rusa o a los autitos chocadores?

_____

_____

2. ¿Con quién o quiénes te gustaría ir al parque de diversiones? ¿Por qué?

_____

_____

Leer B

| ¡AVANZA! | **Goal:** Read about a few activities. |

Ramiro writes an e-mail to his best friend to tell him what he did over the weekend.

> Hola, Carlos.
>
> Este fin de semana fue muy divertido. El sábado salí con Lucía. Ella es muy simpática. Fuimos a un lugar a ver animales muy interesantes. Después, fuimos a otro lugar a ver los animales del mar. A Lucía le gusta el mar y todos los animales que viven en él. Aprendí muchas cosas nuevas con Lucía. En la noche, nos subimos a la vuelta al mundo y a la montaña rusa. ¡Ella no le tiene miedo de nada!
>
> Voy a llamarla por teléfono para ver si ella quiere salir conmigo mañana también.
>
> Ramiro

¿Comprendiste?

Read Ramiro's e-mail. Then, circle the words that best complete each sentence, based on the text.

1. El primer lugar al que fueron Ramiro y Lucía es (el acuario / el zoológico).

2. A Lucía le gusta ir al (acuario / parque de diversiones).

3. A Ramiro le gusta salir con Lucía porque aprende mucho con (él / ella).

4. El tercer lugar donde fueron Ramiro y Lucía fue (el parque de diversiones / el museo)

5. Ramiro va a (dejar un mensaje / hacer una llamada) a Lucía para invitarla a salir el domingo.

¿Qué piensas?

Read Ramiro's e-mail. Answer the first question in a complete sentence. Then, give an example of your answer.

1. ¿Alguna vez saliste e hiciste muchas cosas en un solo día?

_____

_____

2. Ejemplo:

_____

_____

Leer C

> **¡AVANZA!** **Goal:** Read about a few activities.

Ester didn't go to school today and wrote this note to her friend Carina. She sends it with her brother.

> Carina:
>
> Hoy no fui a la escuela porque me duelen las piernas. Ayer corrí en la mañana, jugué al tenis a las doce y levanté pesas a las cuatro. Gustavo y yo salimos a las siete y volví a mi casa después de ocho horas. También fui con él al parque y encontramos una feria del libro. Tú sabes que a Gustavo le encanta leer de todo y compró libros de muchos temas. Él fue muy buen amigo y me regaló uno de salud y ejercicios muy interesante. Son los que más me gustan. Después del almuerzo también nos subimos a la montaña rusa. ¡El no le tiene miedo! Y Gustavo compró los boletos para nosotros. Me encantó el día.
>
> Besos,
> Ester

¿Comprendiste?

Read Ester's note. Then, draw a line from the beginning of each sentence in the left column to the correct ending in the right, based on the text.

1. A Ester le duelen las piernas porque   **a.** al parque de diversiones con ella.

2. Al parque Ester y Gustavo encontraron   **b.** una feria del libro.

3. Gustavo también fue   **c.** hizo muchos deportes ayer.

4. Gustavo pagó   **d.** fue divertido.

5. Para Ester, el día   **e.** los boletos para los dos.

¿Qué piensas?

Read Ester's note. Answer the following question in two complete sentences:

¿Piensas que es divertido ir a una feria del libro? ¿Por qué?

_____

_____

_____

_____

UNIDAD 7
Lección 2

Leer C

138

Unidad 7, Lección 2
Leer C

¡Avancemos! 1b
Cuaderno: Práctica por niveles

Escribir A

¡AVANZA!	**Goal:** Write about various activities.

Step 1

List three places where you had fun on your summer vacation last year.

1. _____

2. _____

3. _____

Step 2

Use the list above to write three sentences about what you did at those places.

_____

_____

_____

Step 3

Evaluate your writing using the information in the table.

Writing Criteria	Excellent	Good	Needs Work
Content	You have included three sentences about what you did on your vacation last year.	You have included two sentences about what you did on your vacation last year.	You have included only one sentence about what you did on your vacation last year.
Communication	Most of your response is clear.	Some of your response is clear.	Your message is not very clear.
Accuracy	You make few mistakes in grammar and vocabulary.	You make some mistakes in grammar and vocabulary.	You make many mistakes in grammar and vocabulary.

UNIDAD 7
Lección 2

Escribir A

Escribir B

> **¡AVANZA!** **Goal:** Write about various activities.

Step 1

Complete the following table with places where you can go to in the left column. In the other column, write what you do there.

Lugares	¿Qué haces allí?

Step 2

Using the information you listed above, write an e-mail to your friends telling them where you went and what you did.

_____

_____

_____

_____

Step 3

Evaluate your writing using the information in the table.

Writing Criteria	Excellent	Good	Needs Work
Content	You include several sentences that tell where you went and what you did.	You include some sentences that tell where you went and what you did.	You include few sentences that tell where you went and what you did.
Communication	Most of your message is organized and easy to follow.	Parts of your message are organized and easy to follow.	Your message is disorganized and hard to follow.
Accuracy	You make few mistakes in grammar and vocabulary.	You make some mistakes in grammar and vocabulary.	You make many mistakes in grammar and vocabulary.

Escribir C

> **¡AVANZA!** **Goal:** Write about various activities.

Step 1

List four fun things you did last summer.

1.

2.

3.

4.

Step 2

Write a paragraph about your activities last summer using the list, with an introductory sentence.

_____

_____

_____

_____

Step 3

Evaluate your writing using the information in the table.

Writing Criteria	Excellent	Good	Needs Work
Content	You include six sentences about your activities.	You include four to five sentences about your activities.	You include three or fewer sentences about your activities.
Communication	Most of your message is organized and easy to follow.	Parts of your message are organized and easy to follow.	Your message is disorganized and hard to follow.
Accuracy	You make few mistakes in grammar and vocabulary.	You make some mistakes in grammar and vocabulary.	You make many mistakes in grammar and vocabulary.

Cultura A

> ¡AVANZA! **Goal:** Review cultural information about Argentina.

1 **Argentina** Complete the following questions with one of the multiple-choice answers.

1. The **Museo al Aire Libre** of Argentina is on which street? _____

   a. El Pueblito   **b.** El Vallecito   **c.** El Caminito

2. In Argentina, the people who are from Buenos Aires are called _____

   a. porteños   **b. norteños**   **c. costeños**

3. The Obelisk of Buenos Aires is in the Plaza de _____

   a. la Patria   **b.** la República   **c.** la Independencia

2 **Argentine culture** Read the following sentences about Argentina and answer *true* or *false*.

T F **1.** The currency of Argentina is the Argentine peso.

T F **2.** The Argentine painter Benito Quinquela Martín grew up in the neighborhood of San Telmo.

T F **3.** **Matambre** is a typical Argentine dish.

T F **4.** In the neighborhood La Boca there are many multicolored houses.

T F **5.** Argentina is located in Central America.

3 **Argentine cuisine** Argentina's landscape includes the **pampas,** or sprawling grasslands. Many immigrants also came to Argentina from Italy. Explain how each of these factors have influenced the type of cuisine popular in Argentina today.

_____

_____

_____

_____

_____

_____

Cultura B

> ¡AVANZA! **Goal:** Review cultural information about Argentina.

1 **Argentina** Choose the correct word to complete the following sentences.

1. **El Parque de la Costa** is the largest (national / amusement) park in South America.

2. Argentina is located in (South / North) America.

3. La Boca was the first (port / skyscraper) of Buenos Aires.

4. Benito Quinquela Martín is a famous Argentine (writer / painter).

5. In Argentina, (French / Italian) food is very popular in addition to meat.

2 **In Argentina** Answer the following questions about Argentina in complete sentences.

1. What are **estancias?** _____

2. What is the capital of Argentina? _____

3. On which famous Argentine street can you find the **Museo al Aire Libre?**
   _____

4. What is the Argentine curency? _____

3 **Museums** Write a comparison of **El Museo al Aire Libre** and **El Museo de Instrumentos Musicales.** Where is each museum located and what can you find there? Which museum would you prefer to visit and why?

_____

_____

_____

_____

_____

_____

_____

_____

_____

_____

Cultura C

| ¡AVANZA! | **Goal:** Review cultural information about Argentina. |

1 **In Argentina** Draw lines to match the words on the left with their explanation on the right.

parrillas   ranches

asados   people from Buenos Aires

bife   restaurants where they sell meat

estancias   open-air barbecues

porteños   meat or steak

2 **Argentina** Answer the following questions with complete sentences.

1. Aside from meat or steak, what other foods are popular in Argentina? _____

_____

2. Why is beef a common food in Argentina? _____

_____

3. The painter Benito Quinquela Martín lived in which neighborhood, or **barrio,** of
Argentina? _____

3 **Argentine life** The **gauchos** live in **las pampas** and earn a living raising cattle, while
many Argentine artists live in the neighborhood La Boca where they sell and create their
art. Which of these two lifestyles would you like to lead? Write a paragraph about how
your life would be. Where would you live? What would you do every day?

_____

_____

_____

_____

_____

_____

_____

Comparación cultural: ¿Conoces un lugar divertido?

Level 1b, pp. 220–221

Lectura y escritura

After reading the paragraphs about the places that Luis, Liliana and Eva visited, write a paragraph about a place that you recently visited. Use the information on your activity timeline to write sentences and then write a paragraph that describes your visit.

Step 1

Complete the activity timeline, showing what you did first, second, third, and so on. Describe as many details as you can about the place you went and what you did.

Primero	Segundo	Tercero
_____	_____	_____
_____	_____	_____
_____	_____	_____
_____	_____	_____
_____	_____	_____
_____	_____	_____

Step 2

Now take the details from the activity timeline and write a sentence for each topic on the timeline.

_____

_____

_____

_____

_____

_____

_____

_____

_____

_____

UNIDAD 7 • Comparación cultural

Comparación cultural: ¿Conoces un lugar divertido?

Lectura y escritura (continued)

Step 3

Now write your paragraph using the sentences you wrote as a guide. Include an introduction sentence and use **primero, más tarde, luego, después,** and **por fin** to write about the place you visited and what you did.

_____
_____
_____
_____
_____
_____
_____
_____

Checklist

Be sure that...

☐ all the details about your visit from your timeline are included in the paragraph;

☐ you use details to describe, as clearly as possible, sequence of your activities;

☐ you include expressions of time and new vocabulary words.

Rubric

Evaluate your writing using the rubric below.

Writing criteria	Excellent	Good	Needs Work
Content	Your description includes many details about where you went.	Your description includes some details about where you went.	Your description includes little information about where you went.
Communication	Most of your description is organized and easy to follow.	Parts of your description are organized and easy to follow.	Your description is disorganized and hard to follow.
Accuracy	Your description has few mistakes in grammar and vocabulary.	Your description has some mistakes in grammar and vocabulary.	Your description has many mistakes in grammar and vocabulary.

Comparación cultural: ¿Conoces un lugar divertido?

Compara con tu mundo

Now write a comparison about your visit and that of one of the three students from page 221. Organize your comparison in chronological order. Describe what you did first, then second, and finally the last activities you did or places you visited.

Step 1

Use the table to organize your comparison in chronological order. Write details for each activity of your visit and that of the student you chose.

Categoría	Mis actividades	Las actividades de _____
Primero		
Después		
Luego		
Por fin		

Step 2

Now use the details from the table to write a comparison. Include an introduction sentence and write about each activity. Use the words **primero, más tarde, luego, después,** and **por fin** to describe your visit and that of the student you chose.

_____

_____

_____

_____

_____

_____

Vocabulario A

Level 1b, pp. 228–233

> **¡AVANZA!** **Goal:** Talk about daily routines.

1 Lucía and Lucas get up early to go to school. Place an "x" next to the activities they might do in the morning before going to school.

1. _____ acostarse

2. _____ ducharse

3. _____ afeitarse

4. _____ cepillarse los dientes

5. _____ maquillarse

6. _____ peinarse

7. _____ dormirse

8. _____ quedarse en un hotel

2 Look at the drawings below to see what people use to get ready for work. Then complete the sentences.

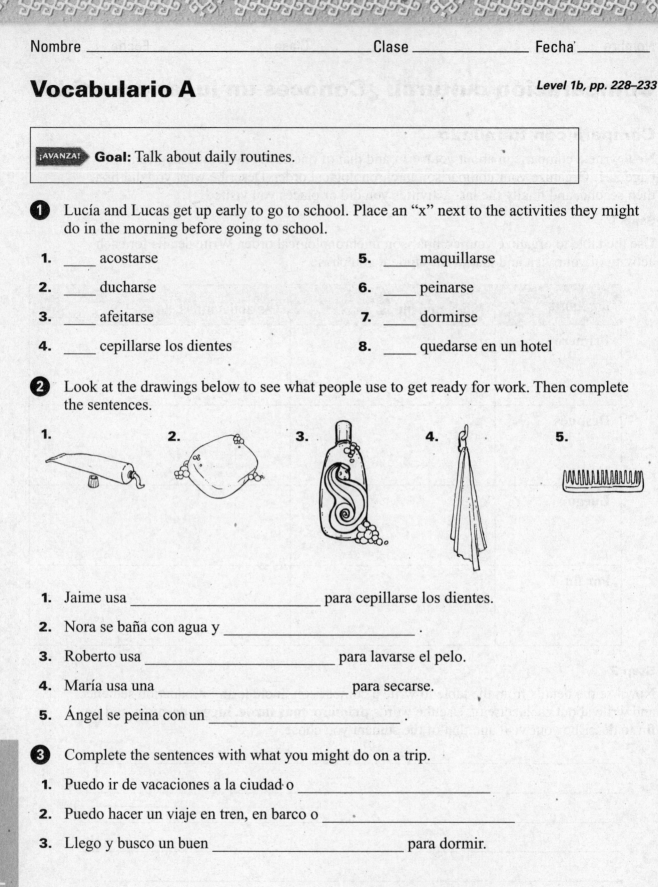

1. Jaime usa _____ para cepillarse los dientes.

2. Nora se baña con agua y _____ .

3. Roberto usa _____ para lavarse el pelo.

4. María usa una _____ para secarse.

5. Ángel se peina con un _____ .

3 Complete the sentences with what you might do on a trip.

1. Puedo ir de vacaciones a la ciudad o _____

2. Puedo hacer un viaje en tren, en barco o _____

3. Llego y busco un buen _____ para dormir.

UNIDAD 8 • Vocabulario A
Lección 1

Unidad 8, Lección 1
Vocabulario A

148

¡Avancemos! 1b
Cuaderno: Práctica por niveles

Vocabulario B

> **¡AVANZA!** **Goal:** Talk about daily routines.

1 Irma's routine is the same every day. Draw a line from what she does to what she uses to do it.

1.	peinarse	**a.**	la pasta y el cepillo de dientes
2.	bañarse	**b.**	el espejo
3.	cepillarse los dientes	**c.**	el peine
4.	maquillarse	**d.**	la ropa
5.	vestirse	**e.**	el jabón y el champú

2 Andrea is going on a trip. Complete her conversation with her friend Gustavo.

Gustavo: ¡Hola, Andrea! ¿Ya vas **1.** _____?

Andrea: ¡Hola, Gustavo! Sí, voy al **2.** _____ , lejos de la

ciudad. Tengo muchas cosas que hacer todavía.

Gustavo: ¿Vas en **3.** _____ ?

Andrea: No, voy en **4.** _____ . No es tan rápido

pero puedo mirar lugares muy bonitos.

Gustavo: ¿Y sabes a qué **5.** _____ vas?

Andrea: No, no voy a un hotel. Voy a casa de unos tíos.

3 Answer the following questions about your routine.

1. ¿A qué hora te acuestas generalmente?

_____

_____

2. ¿A qué hora te despiertas generalmente?

_____

_____

3. ¿Cuántas veces por día te cepillas los dientes?

_____

_____

Vocabulario C

¡AVANZA!	**Goal:** Talk about daily routines.

1 Santiago has to wake up early; he's taking a trip. In one column, place words related to his daily routine and, in the other column, place words related to taking trips.

el hotel	el peine	el secador de pelo	el tren
la toalla	el campo	el viaje	el jabón
el avión	el cepillo de dientes	el champú	el barco

La rutina   **Las vacaciones**

1. _____ 7. _____
2. _____ 8. _____
3. _____ 9. _____
4. _____ 10. _____
5. _____ 11. _____
6. _____ 12. _____

2 Marcos woke up late and might miss his train. Complete the following sentences with what he needs to do.

1. Marcos va a llegar tarde. Tiene que _____
2. Marcos está sucio. Tiene que _____
3. Marcos acaba de lavarse el pelo. Necesita _____
4. Marcos tiene diez años. No tiene que _____

3 Write three complete sentences to describe your own daily routine.

1. _____
2. _____
3. _____

Gramática A   *Reflexive Verbs*

> **¡AVANZA!**   **Goal:** Use reflexive verbs to talk about daily routines.

1   Laura and her friends all have the same routine. Circle the correct form of each verb.

1. Laura (se acuesta / me acuesto) temprano.

2. Laura y Verónica (se maquilla / se maquillan) después de secarse el pelo.

3. Laura y yo (te lavas / nos lavamos) el pelo con un champú muy bueno.

4. Yo (se viste / me visto) .

5. Y tú, ¿ (se cepillan / te cepillas) los dientes antes o después de ducharte?

2   The following people start their day early. Complete the sentences with the correct form of the verbs in parentheses.

1. Mario _____ a las seis de la mañana. (despertarse)

2. Laura y yo _____ antes de ir a la escuela. (ducharse)

3. Laura y Patricia _____ el pelo antes de bañarse. (bañarse)

4. ¿Cuándo _____ usted? (peinarse)

5. Yo _____ el pelo antes de vestirme. (secarse)

3   Answer the following questions about daily routines.

1. ¿Qué haces después de despertarte?

_____

_____

2. ¿Qué haces después de bañarte?

_____

_____

3. ¿Qué hacen tus hermanos o los hermanos de tus amigos antes de vestirse?

_____

_____

Gramática B *Reflexive Verbs*

Level 1b, pp. 234–239

Goal: Use reflexive verbs to talk about daily routines.

1 Francisco and his friends have a set daily routine from Monday to Friday. Choose the correct form of each verb below.

1. Francisco y yo ____ a las siete de la mañana.

    a. te despiertas   **b.** nos despertamos   **c.** se despiertan   **d.** me despierto

2. Los amigos de Francisco ____ antes de afeitarse.

    a. se duchan   **b.** te duchas   **c.** se ducha   **d.** nos duchamos

3. Yo nunca ____ después de ducharme.

    a. te afeitas   **b.** se afeita   **c.** nos afeitamos   **d.** me afeito

4. ¿Tú ____ el pelo con un secador de pelo?

    a. se secan   **b.** te secas   **c.** se seca   **d.** me seco

5. Todos los días, Francisco ____ a las diez.

    a. se acuesta   **b.** nos acostamos   **c.** te acuestas   **d.** se acuestan

2 On Saturdays, their routines are a little different. Complete the following sentences with the verb in parentheses.

1. Francisco _____ a las diez de la mañana. (despertarse)

2. Francisco y Norberto _____ antes de ducharse. (afeitarse)

3. Norberto y yo _____ antes de vestirnos. (secarse el pelo)

4. ¿Ustedes _____ antes de desayunar? (vestirse)

5. Yo _____ a medianoche. (dormirse)

3 Write three sentences to state at what time the following people wake up and go to bed.

1. Tus amigos: _____

   _____

2. Una persona en tu familia: _____

   _____

3. Tú: _____

   _____

Unidad 8, Lección 1
Gramática B

152

¡Avancemos! 1b
Cuaderno: Práctica por niveles

UNIDAD 8 • Gramática B
Lección 1

Gramática C *Reflexive Verbs*

> ¡AVANZA! **Goal:** Use reflexive verbs to talk about daily routines.

1 Javier's friends play soccer on the weekends. Complete the text with the correct form of the verbs in parentheses.

Hoy es sábado y nosotros (despertarse) **1.** _____

muy temprano. Estoy cansado porque los viernes yo (dormirme)

2. _____ tarde. Antes de ir al partido, mi hermano

(ducharse) **3.** _____ y (lavarse)

4. _____ el pelo. Todos los chicos del equipo

(ponerse) **5.** _____ pantalones cortos negros y

camisetas anaranjadas para el partido.

2 What is your routine? Use reflexive verbs to complete the following sentences.

 1. Normalmente, yo _____

 2. Todos los días, yo _____

 3. Los fines de semana, yo _____

 4. Yo nunca _____

 5. De vez en cuando, yo _____

3 Use reflexive verbs to write an e-mail to your penpal about your Monday routine. Write three sentences.

_____

_____

_____

_____

_____

_____

_____

_____

Gramática A *Present Progressive*

> **¡AVANZA!** **Goal:** Use the present progressive to talk about what people are doing right now.

1 Lorenzo's family is going on a trip. Draw a line from the people to what each of them are doing right now to get ready.

1. Los hermanos de Lorenzo   **a.** está afeitándose.

2. Lorenzo   **b.** estamos hablando del hotel.

3. La madre de Lorenzo y yo   **c.** están sacando las maletas.

4. Tú   **d.** estás pidiendo la comida.

2 The following people are busy doing many things. Complete each sentence with the present progressive of the verb in parentheses.

1. Javier _____ por teléfono. (hablar)

2. Nora y Carla _____ en el bosque. (caminar)

3. Yo _____ las maletas. (hacer)

4. ¿Usted _____ ? (vestirse)

5. ¿Chicos, ustedes _____ ? (dormir)

3 Look at the drawings below and write what each person is doing right now.

1.   **2.**   **3.**

1. **Mauro está limpiando su cuarto.**

2. _____

3. _____

Unidad 8, Lección 1
Gramática A
154

¡Avancemos! 1b
Cuaderno: Práctica por niveles

UNIDAD 8 • Gramática A
Lección 1

Gramática B *Present Progressive*

¡AVANZA! **Goal:** Use the present progressive to talk about what people are doing right now.

1 These friends are doing a few things to get ready for their trip. Complete these sentences with the present progressive form of the verbs in parentheses.

1. Camila les _____ a todos los chicos qué tienen que hacer. (decir)

2. Ariadna y Fernanda _____ . (bañarse)

3. Abel y yo _____ los boletos del tren. (comprar)

4. Tú _____ información sobre los hoteles. (leer)

5. Yo _____ para ir de vacaciones. (vestirse).

2 The people below are on vacation. Write sentences using the present progressive.

1. Los chicos / viajar en tren.

   _____

2. Armando y yo / hablar del viaje.

   _____

3. Tú / tomar fotos.

   _____

2. Yo / no dormir.

   _____

3 Using the information in the table below, write three sentences about what each of the students are doing right now.

Camila	mirar	el parque
Camila y yo	caminar	el campo
Camila y Armando	correr	la playa

1. _____

2. _____

3. _____

Gramática C *Present Progressive*

¡AVANZA!	**Goal:** Use the present progressive to talk about what people are doing right now.

1 We have just returned from vacation and are now doing several things. Complete the following sentences with the present progressive of the verb in parentheses.

1. Marcos y yo _____ a nuestras casas. (llegar)

2. Marcos _____ su ropa con jabón. (lavar)

3. Yo _____ un disco compacto con las fotos de las vacaciones. (quemar)

4. Marcos y Mariela _____ sus correos electrónicos. (leer)

5. Tú _____ antes de dormir. (bañarse)

2 The following students just got back from a trip to the country. Complete these sentences with what you think they might be doing right now. Use the present progressive.

1. Marcos y Natalia _____

_____

2. Natalia _____

_____

3. Natalia y yo _____

_____

4. Yo _____

_____

5. Ustedes _____

_____

3 Write three sentences about what your family members are doing right now. Use the present progressive.

_____

_____

_____

_____

Integración: Hablar

Level 1b, pp. 244–246
WB CD 04 track 21

Agustín decided to go on vacation to the countryside after reading an ad in the newspaper. He is having a really good experience and calls his roomates to let them know about it.

Fuente 1 Leer

Read the newspaper ad that Agustín read...

¿**Vacaciones en el campo?**

¿Estás pensando en pasar tus vacaciones en el campo?
Con nosotros, vas a pasar las mejores vacaciones.
Organizamos tu viaje completo.

Primero, te buscamos en coche en tu casa y te llevamos a tomar el tren. Después, te llevamos al hotel.

Organizamos todo para tu familia.

Puedes llamarnos al 555-4567

¡Tus vacaciones en nuestras manos son vacaciones de película!

Fuente 2 Escuchar   *WB CD 04 track 22*

Listen to Agustín's message for his roomates. Take notes.

_____

_____

_____

_____

Hablar

What did Agustín do in the first day of his vacation?

modelo: Antes de llegar al hotel, Agustín... Después de llegar al hotel, Agustín...

¡Avancemos! 1b
Cuaderno: Práctica por niveles

UNIDAD 8 • Integración: Hablar
Lección 1

Unidad 8, Lección 1
Integración: Hablar   **157**

Integración: Escribir

Level 1b, pp. 244–246
WB CD 04 track 23

Vilma is on vacation and forgets some things at home. She e-mails her brother and he calls her back and teases her a bit in his message.

Fuente 1 Leer

Read the email that Vilma writes to her brother.

De: Vilma   A: Roberto

Tema: Mis vacaciones

Hola Roberto:

Estoy aburrida, no estoy haciendo nada divertido. Me desperté temprano. Me bañé pero no me maquillé. No hay champú en el hotel. No tengo un peine y tú me tienes que ayudar. Todas las cosas para maquillarme están en casa. ¡Mándame mis cosas ya! Las necesito para estar bonita, porque quiero salir a bailar. No quiero estar aburrida.

Adiós,

Vilma

Fuente 2 Escuchar   *WB CD 04 track 24*

Listen to Roberto's voicemail to Vilma. Take notes.

_____

_____

_____

_____

Escribir

What does Vilma need and why? What solutions does Roberto offer?

modelo: Vilma necesita... porque... Roberto es cómico y dice que Vilma puede...
Por fin Roberto dice que va a...

_____

_____

_____

_____

_____

Unidad 8, Lección 1
Integración: Escribir

158

¡Avancemos! 1b
Cuaderno: Práctica por niveles

UNIDAD 8 • Lección 1
Integración: Escribir

Escuchar A

> ¡AVANZA! **Goal:** Listen to discussions about daily routines.

1 Listen to Fernando. Then, place an "x" next to the things that happen to him.

1. Casi siempre llega tarde a la escuela. _____

2. No puede despertarse temprano. _____

3. Todos los días, se acuesta temprano. _____

4. A Fernando no le gusta mirar la televisión. _____

5. La madre de Fernando está enojada. _____

6. De vez en cuando, Fernando se levanta a las siete. _____

2 Listen to Marta. Then, complete the sentences with the words from the box.

se viste	se acuesta	la rutina	despertarse

1. El hijo de Marta _____ tarde.

2. El hijo de Marta no puede _____ .

3. El hijo de Marta _____ después de afeitarse.

4. Mirar la televisión o escuchar música por la noche es _____ del

hijo de Marta.

Escuchar B

Level 1b, pp. 252–253
WB CD 04 tracks 27-28

¡AVANZA!	**Goal:** Listen to discussions of daily routines.

1 Listen to Jorge. Then, complete the table with each person's routine.

Jorge	La hermana de Jorge

2 Listen to Daniela. Then, complete the following sentences:

1. Daniela comparte el baño con _____

_____

2. Todas las mañanas, Daniela necesita _____

_____

3. Daniela le dice a su hermano que _____

_____

4. El hermano de Daniela dice que _____

_____

5. Daniela no tiene un espejo en _____

_____

UNIDAD 8 • Escuchar B
Lección 1

160

Unidad 8, Lección 1
Escuchar B

¡Avancemos! 1b
Cuaderno: Práctica por niveles

Escuchar C

> **¡AVANZA!** **Goal:** Listen to discussions of daily routines.

1 Listen to Gabriela and take notes. Then, put her routine below in order, numbering the sentences 1 through 8.

a. _____ Se baña.

b. _____ Se seca con la toalla y con el secador de pelo.

c. _____ Se lava el pelo.

d. _____ Se despierta temprano.

e. _____ Se maquilla.

f. _____ Se cepilla los dientes.

g. _____ Se viste.

h. _____ Se peina.

2 Listen to Gabriela's conversation with her mother. Take notes. Then, answer the following questions.

1. ¿Por qué llama la mamá a su hija?

_____

2. ¿Qué está haciendo Gabriela?

_____

3. ¿Cuántos minutos necesita ella para maquillarse?

_____

4. ¿Qué están haciendo la mamá y el papá de Gabriela?

_____

5. ¿Qué cosa importante necesita hacer Gabriela antes de salir?

_____

Leer A

>  **¡AVANZA!** **Goal:** Read about people's routines and trips.

This hotel organizes trips to the country and placed this ad in the newspaper.

¡Vamos al campo!

¿Tienes vacaciones?
¿Estás pensando en viajar
y no sabes adónde?

El hotel "Cinco estrellitas" organiza viajes para toda la familia,
para grupos de amigos y también viajes individuales.

¿Te gusta el campo? ¿Quieres despertarte y ver
bellos lugares por tu ventana?

Puedes venir en tren o en avión.

**Nosotros organizamos las otras cosas
para unas vacaciones fantásticas.**

¿Comprendiste?

Read the hotel's ad. Then, read each sentence and answer **cierto** (true) or **falso** (false).

C   F   **1.** No pueden ir grupos de amigos.

C   F   **2.** Pueden ir familias.

C   F   **3.** El hotel está en el campo.

C   F   **4.** Puedes ver una escuela por la ventana del hotel.

C   F   **5.** Puedes llegar en barco.

¿Qué piensas?

¿A qué lugar prefieres ir de vacaciones, al campo o a la ciudad? ¿Por qué?

_____

_____

_____

_____

Unidad 8, Lección 1
Leer A

162

¡Avancemos! 1b
Cuaderno: Práctica por niveles

UNIDAD 8
Lección 1

Leer A

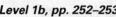

Nombre _____ Clase _____ Fecha _____

Leer B

> **¡AVANZA!** **Goal:** Read about people's routines and trips.

Emiliano wrote this letter to his friend. In it, he describes what he is doing on his trip.

> *Hola Hugo.*
>
> *No sabes qué vacaciones fantásticas estoy pasando en el campo. Me despierto todos los días a las nueve de la mañana. Miro por la ventana y veo unos lugares muy bonitos. Este lugar es muy bueno para la salud. Mi familia y yo llegamos en tren. Cuando vi el campo, pensé que quiero vivir aquí para siempre. ¡El lugar es fantástico!*
>
> *Ahora me estoy durmiendo, mañana te escribo más.*
>
> *Emiliano*

¿Comprendiste?

Read Emiliano's letter. Then, place an "x" next to what he describes.

1. Las vacaciones de Emiliano son aburridas. ____

2. Las vacaciones de Emiliano son en la playa. ____

3. A Emiliano le gusta el campo. ____

4. El campo es bueno para la salud. ____

5. La rutina de Emiliano empieza temprano. ____

6. Emiliano fue con sus padres. ____

7. Emiliano fue con sus amigos. ____

¿Qué piensas?

1. ¿Qué haces cuando estás de vacaciones?

_____

_____

2. ¿Tienes una rutina cuando vas de vacaciones? ¿Cuál?

_____

_____

_____

Leer C

> **¡AVANZA!** **Goal:** Read about people's routines and trips.

Jimena went on a trip to another city. She writes an e-mail about it to her friend.

Hola, Viviana.

Mi familia y yo llegamos a la ciudad muy bien. El viaje en avión fue tranquilo. El hotel está muy bien. Yo prefiero las vacaciones en el campo pero mi papá fue a comprar los boletos de avión y compró boletos para la ciudad. Él prefiere la ciudad.

En la ciudad hay muchas cosas para ver: teatros, cines y parques. En el campo podemos hacer actividades que son buenas para la salud y los lugares son más bonitos.

Todos los días estamos almorzando en un restaurante del centro. El lugar es bonito. ¿Puedes conectarte a Internet a las tres? Hablamos por mensajero instantáneo.

Besos,

Jimena

¿Comprendiste?

Read Jimena's e-mail. Then, answer the questions below:

1. ¿Cómo llegó Jimena a la ciudad? _____

2. ¿Dónde se quedó Jimena? _____

3. ¿Dónde prefiere ir de vacaciones Jimena? _____

4. ¿Por qué prefiere ir de vacaciones al campo? _____

   _____

5. ¿Dónde comen? _____

¿Qué piensas?

1. ¿Qué te gusta hacer cuando vas de vacaciones a una ciudad?

   _____

   _____

2. ¿A qué ciudades fuiste de vacaciones? ¿Cuál te gustó más?

   _____

   _____

Unidad 8, Lección 1
Leer C

164

¡Avancemos! 1b
Cuaderno: Práctica por niveles

UNIDAD 8
Lección 1

Leer C

Escribir A

> **¡AVANZA!** **Goal:** Write about daily routines and trips.

Step 1

List the methods of transportation you know.

1. _____   4. _____

2. _____   5. _____

3. _____

Step 2

Complete the following sentences with your daily routine.

1. Yo, cuando me despierto, _____

2. Después, yo _____

3. Después, yo _____

4. Cuando estoy viajando, yo _____

Step 3

Write three complete sentences about your daily routine when you are traveling by boat, airplane, or train.

> **modelo:** Cuando hago un viaje en avión ...

_____

_____

Step 4

Evaluate your writing using the information in the table.

Writing Criteria	Excellent	Good	Needs Work
Content	Your sentences include many details about your routine.	Your sentences include some details about your routine.	Your sentences include little information about your routine.
Communication	Most of your sentences are clear.	Some of your sentences are clear.	Your sentences are not very clear.
Accuracy	Your sentences have few mistakes in grammar and vocabulary.	Your sentences have some mistakes in grammar and vocabulary.	Your sentences have many mistakes in grammar and vocabulary.

Escribir B

> **¡AVANZA!** **Goal:** Write about daily routines and trips.

Step 1

Complete the table with your daily routine.

Por la mañana	¿A qué hora?	Por la noche	¿A qué hora?

Step 2

Using the information in the table above, describe your daily routines. Write four complete sentences. Also describe how your routine changes when you are taking a trip. Follow the model.

modelo: Generalmente me despierto a las seis y media de la mañana ...

_____

_____

_____

Step 3

Evaluate your writing using the information in the table.

Writing Criteria	Excellent	Good	Needs Work
Content	You include all of the information.	You include some of the information.	You include little information.
Communication	Most of your sentences are clear.	Some of your sentences are clear.	Your sentences are not very clear.
Accuracy	Your sentences have few mistakes in grammar and vocabulary.	Your sentences have some mistakes in grammar and vocabulary.	Your sentence have many mistakes in grammar and vocabulary.

Escribir C

┌───┐
│ **¡AVANZA!** **Goal:** Write about daily routines and trips. │
└───┘

Step 1

Complete the following sentences about your morning routine.

1. Antes de bañarme, yo _____

2. Después, yo _____

3. Después de bañarme, yo _____

4. Después, yo _____

5. Después, yo _____

6. Después, yo _____

Step 2

You are on a trip. Write a five-sentence e-mail to your friend describing your routine there. Use the present progressive at least once.

_____

_____

_____

_____

_____

Step 3

Evaluate your writing using the information in the table.

Writing Criteria	Excellent	Good	Needs Work
Content	Your email includes all of the information.	Your email includes some of the information.	Your email includes little information.
Communication	Most of your email is organized and easy to follow.	Parts of your email are organized and easy to follow.	Your email is disorganized and hard to follow.
Accuracy	Your email has few mistakes in grammar and vocabulary.	Your email has some mistakes in grammar and vocabulary.	Your email has many mistakes in grammar and vocabulary.

Cultura A

| ¡AVANZA! | **Goal:** Review cultural information about Costa Rica. |

1 **Costa Rica** Complete the following questions with one of the multiple-choice answers.

1. The capital of Costa Rica is _____

   a. San Juan **b.** San José **c.** San Luis

2. The _____ of Tabacón are popular with tourists.

   a. **carretas** **b.** beaches **c.** hot springs

3. The **carretas,** or oxcarts, which are a symbol of Costa Rica, were used to _____

   a. transport coffee **b.** transport sugarcane **c.** transport bananas

2 **Costa Rican culture** Read the following sentences about Costa Rica and answer *true* or *false*.

T F **1.** Costa Rica was the headquarters of the Kayak Surf World Championship in 2005.

T F **2.** **Gallo pinto** is a typical dish from Costa Rica.

T F **3.** Costa Rica is located in South America.

T F **4.** Arenal is an active volcano in Costa Rica.

T F **5.** Costa Ricans use **tú** instead of **vos.**

3 **Costa Rican geography** Costa Rica has many varied landscapes. Write a description of some of the landscapes found in Costa Rica. Which land feature do you like most and why?

_____

_____

_____

_____

_____

_____

_____

UNIDAD 8
Lección 1
Cultura A

Unidad 8, Lección 1
Cultura A

168

¡Avancemos! 1b
Cuaderno: Práctica por niveles

Cultura B

¡AVANZA! **Goal:** Review cultural information about Costa Rica.

1 **Costa Rica** Draw lines to match the names or phrases on the left with their explanation on the right.

Arenal	were used to transport coffee
Sarchí	typical Costa Rican food
colón	active volcano
gallo pinto	Costa Rican currency
carretas	where the **carreta** festival is held

2 **Costa Rican culture** Answer the following questions about Costa Rica.

1. What is the name of the active volcano in Costa Rica? _____

2. Which aquatic sport can you do on Costa Rica's beaches? _____

3. What is the capital of Costa Rica? _____

4. In general, Costa Ricans do not use **tú,** but instead use _____.

5. In Costa Rica, family members often use _____ when speaking with each other.

3 **Costa Rican travel** You work at a travel agency and must create an advertisement to get tourists interested in traveling to Costa Rica. Write an ad describing the types of activities and scenery that the tourists could enjoy in Costa Rica.

_____

_____

_____

_____

_____

_____

_____

_____

Cultura C

┌───┐
│ **¡AVANZA!** **Goal:** Review cultural information about Costa Rica. │
└───┘

1 **Costa Rica** Complete the sentences about Costa Rica.

1. Costa Rica is located in _____ America.

2. _____ is an active volcano in Costa Rica.

3. Costa Ricans use _____ rather than **tú,** but many family members use _____ with each other.

4. Casado is a typical Costa Rican _____.

5. _____ is the capital of Costa Rica.

2 **In Costa Rica** Answer the following questions using complete sentences.

1. What is Costa Rican town where the **carreta** festival is held every year?

   _____

2. What is Costa Rica's landscape like? _____

   _____

3. What is the name of Costa Rica's currency? _____

3 **Souvenirs** You work at a souvenir shop in Costa Rica. Write about a typical souvenir from Costa Rica that you would recommend for a tourist. What would you tell the tourist to convince them to buy the item? Describe what the souvenir looks like, as well as any interesting facts.

   _____

   _____

   _____

   _____

   _____

   _____

   _____

UNIDAD 8
Lección 1
Cultura C

Unidad 8, Lección 1
Cultura C

170

¡Avancemos! 1b
Cuaderno: Práctica por niveles

Vocabulario A

| ¡AVANZA! | Read about what people do on vacation. |

1 We like to go away on vacation and do lots of activities. Match the words in the left column with related words in the right column.

a. estar al aire libre   comprar cerámica

b. hacer una parrillada   surf de vela

c. buscar artesanía   preparar carne

d. hacer surfing   acampar

e. buscar joyas   comprar un collar

2 We do a lot of things on our vacation. Complete the following sentences with words from the box.

1. En el mercado de artesanías, compramos _____

para nuestras familias.

2. Me encantan los anillos de _____ que compré ayer.

3. Este artículo de madera es muy _____ .

4. Nos divertimos mucho cuando vamos a _____ .

5. Berta compró unos _____ de plata muy bonitos.

> aretes
> oro
> montar a caballo
> recuerdos
> barato

3 Complete the sentences with what these people like to do on vacation.

modelo: (a mí) / acampar / vacaciones.

Me gusta acampar en vacaciones.

1. (a ti) / comprar / de madera

_____

_____

2. (a / María) / regatear mercado

_____

_____

3. (hermano) / comprar artículos / calidad

_____

_____

Vocabulario B

¡AVANZA!	**Goal:** Read about what people do on vacation.

1 Martín and his friends go on vacation. Choose the correct word in parentheses to complete each sentence.

1. Martín da _____ al aire libre. (caminatas / mercados / aretes)

2. Martín compra artesanías en el _____ . (surf / mercado / collar)

3. Los chicos tienen mucho _____ . (barato / recuerdo / tiempo libre)

4. Martín compra algunas _____ para su mamá. (joyas / parrilladas / caminatas)

2 Martín goes to the handicrafts market. Complete the dialogue with words from the box.

lo dejo	le puedo ofrecer	me deja ver	Qué caro

Martín: ¡Buenos días! ¿ _____ el anillo de plata?

Artesano: Claro. También _____ algunos de oro. El precio está debajo de cada artículo.

Martín: ¡ _____ !

Artesano: Bueno, _____ más barato si compra dos.

3 Look at the pictures and complete the sentences.

1. 2. 3.

1. Claudia _____ en la playa.

2. Alejandro _____ en su casa.

3. Los chicos van a _____ al aire libre.

Vocabulario C

> **¡AVANZA!** **Goal:** Read about what people do on vacation.

1 Natalia and her friends went on a summer vacation. Write the related words in the correct column.

dar una caminata	hacer una parrillada	acampar
artesanías	anillos	artículos de madera
hacer surfing	aretes	comer al aire libre
recuerdos	artículos de cerámica	montar a caballo

Actividades   **Mercado**

_____   _____

_____   _____

_____   _____

_____   _____

_____   _____

2 Do you like to go on vacation? Complete the sentences with things that you like to do when you go on vacation.

1. A mí me gusta _____

2. Normalmente yo _____

3. Yo prefiero _____

4. Cuando voy de vacaciones, yo _____

5. En mis vacaciones, yo siempre _____

3 Write a three-sentence text to describe what you did on your vacation.

_____

_____

_____

Gramática A *Indirect Object Pronouns*

Level 1b, pp. 262–267

> ¡AVANZA! **Goal:** Use indirect object pronouns to talk about vacations.

1 Pablo's friends went on vacation together. Underline the correct pronoun for each sentence.

1. ¿Quieres ir de vacaciones? Yo (te / me) mando el nombre del hotel.

2. Susana no encuentra su peine. Yo (le / nos) doy mi peine.

3. Patricia y yo compramos artesanías. (Nos / Te) gustan las artesanías.

4. ¿Sabes hacer surfing? ¿(Me / Te) gusta hacerlo?

5. ¿(Me / Le) puedes comprar el bloqueador de sol?

2 These friends help each other. Complete the sentences with the correct pronoun.

1. Necesito el jabón. ¿ _____ lo das?

2. Claudia quiere unos aretes. ¿ _____ puedes comprar unos aretes de plata?

3. Mis padres no saben cómo estoy. ¿Puedes mandar_____ un correo electrónico?

4. ¿Estás enfermo? ¿Puedo dar_____ algo?

5. Álvaro y yo vamos a hacer una parrillada. ¿ _____ puedes decir cómo hacerlo?

3 Complete the sentences with things you can buy at a handicrafts market.

modelo: Comprar un anillo (mamá).

   Puedo comprarle un anillo a mamá.

1. Comprar recuerdos (amigos)

_____

_____

2. Comprar aretes (hermana)

_____

_____

3. Comprar artículos de madera (tú)

_____

_____

Unidad 8, Lección 2
Gramática A

174

¡Avancemos! 1b
Cuaderno: Práctica por niveles

UNIDAD 8 • Gramática A
Lección 2

Gramática B *Indirect Object Pronouns*

> **¡AVANZA!** **Goal:** Use indirect object pronouns to talk about vacations.

1 Everyone went to the handicrafts market. The following sentences are out of order; rewrite each one in the correct order.

1. madre algunas mi joyas compré a le

_____

2. los cerámica gustaron me de artículos

_____

3. algunos amigos llevo madera artículos de a les mis

_____

4. muy recuerdos compré bonitos te unos

_____

5. unos chicos los compraron bonitos nos anillos muy

_____

2 After the handicrafts market, everyone did other activities. Rewrite the sentences, replacing the person with the correct indirect object pronoun.

1. Traemos un caballo para Lucas. _____

2. Hacemos una parrillada para todos los chicos. _____

3. Los chicos traen frutas para nosotros. _____

4. Yo compro algo de comer para ustedes. _____

3 Answer the questions with a complete sentence.

1. ¿A quién le dices tus secretos?

_____

_____

2. ¿A quiénes les pides regalos de cumpleaños?

_____

_____

Gramática C *Indirect Object Pronouns*

Level 1b, pp. 262–267

¡AVANZA! **Goal:** Use indirect object pronouns to talk about vacations.

1 Read the following sentences about a day at the handicrafts market. Complete each sentence using an indirect object pronoun.

1. Necesito saber cuánto cuesta el anillo. ¿Puedes decir_____ cuánto cuesta?

2. Quieres un collar y _____ compré un collar de plata.

3. A nosotros _____ gustan las artesanías de madera.

4. Los chicos no vienen con nosotros, pero podemos comprar_____

   algunos recuerdos.

5. ¿Quieres comprar_____ algo a tu madre?

2 Write complete sentences about what happens at the handicrafts market. Use indirect object pronouns.

   modelo   (nosotros) buscar un regalo / para Armando:

   Le buscamos un regalo muy bonito.

1. (ellos) / llevar recuerdos / para mis padres:

   _____

2. (yo) comprar un anillo / para mí:

   _____

3. (él) traer frutas / para nosotros:

   _____

3 Write a four-sentence e-mail to a friend. Tell your friend what things you buy at the handicrafts market. Use indirect object pronouns.

   _____

   _____

   _____

   _____

UNIDAD 8 • Gramática C
Lección 2

Unidad 8, Lección 2
Gramática C

176

¡Avancemos! 1b
Cuaderno: Práctica por niveles

Gramática A *Demonstrative Adjectives*

> **¡AVANZA!** **Goal:** Use demonstrative adjectives to talk about vacations.

1 Mark with an "x" the sentences that describe things that are near.

1. Estos caballos son muy altos. _____

2. Aquellas personas acampan cerca del parque. _____

3. Esos collares me gustan mucho. _____

4. Este anillo es de Carolina. _____

5. Estos recuerdos son para mi familia. _____

6. Aquel perro es de ese chico. _____

2 Choose the correct demonstrative adjective in the parentheses to complete each sentence.

1. Me gusta acampar en _____ lugar. (esa / este)

2. _____ aretes son muy caros. (estas / estos)

3. ¿Cuánto cuestan _____ artesanías de madera? (estas / esos)

4. La semana pasada hicimos una parrillada. _____ parrillada fue muy divertida. (aquellos / esa)

5. La calidad de _____ anillo es muy buena. (esa / aquel)

3 Answer each question with a complete sentence. Use demonstrative adjectives.

1. ¿Adónde vas en estas vacaciones?

_____

_____

2. ¿Adónde compraste esa cerámica?

_____

_____

3. ¿Fue barata esa cerámica?

_____

_____

¡Avancemos! 1b
Cuaderno: Práctica por niveles

Unidad 8, Lección 2
Gramática A   **177**

UNIDAD 8
Lección 2   •   Gramática A

Gramática B *Demonstrative Adjectives*

¡AVANZA!	**Goal:** Use demonstrative adjectives to talk about vacations.

1 We bought some things at the handicrafts market. Complete the sentences with the correct adjective.

1. Yo compré ____ aretes.

   a. este   **b.** estos   **c.** esta   **d.** aquel

2. Luis compró ____ collar de oro.

   a. esos   **b.** esta   **c.** aquel   **d.** aquella

3. Marta compró ____ artesanías.

   a. estos   **b.** esta   **c.** estas   **d.** aquel

4. Mis amigos compraron ____ joya.

   a. ese   **b.** esa   **c.** este   **d.** aquel

5. Mi hermana compró ____ recuerdos para ustedes.

   a. esas   **b.** estas   **c.** aquel   **d.** aquellos

2 We all bought things at the handicrafts market. Complete the following sentences with **ese** (that) or **este** (this) in singular or plural, feminine or masculine, as appropriate.

1. Yo vi _____ recuerdos. (cerca)

2. Nosotros compramos _____ artesanías. (cerca)

3. Mi hermana compró _____ joyas. (lejos)

4. Ustedes compraron _____ anillo de plata. (lejos)

5. Iván compró _____ artículo de madera. (cerca)

3 Write sentences about things we buy at the handicrafts market. Change the adjective to singular or plural, feminine or masculine, as appropriate.

1. Aquel / aretes: _____

2. Este / recuerdos: _____

3. Ese / artesanías: _____

UNIDAD 8 • Gramática B
Lección 2

178

Unidad 8, Lección 2
Gramática B

¡Avancemos! 1b
Cuaderno: Práctica por niveles

Gramática C *Demonstrative Adjectives*

> **¡AVANZA!** **Goal:** Use demonstrative adjectives to talk about vacations.

1 Yesterday, you went to the handicrafts market. Complete the following sentences with the correct demonstrative adjectives. Use the words in parentheses as clues.

1. Yo compré _____ aretes de plata. (cerca)

2. Mis amigos vieron _____ collares que tú quieres. (muy lejos)

3. Tú compraste _____ recuerdos muy baratos. (lejos)

4. Yo vi _____ artesanías muy bonitas. (lejos)

5. Ustedes compraron _____ joya de oro. (cerca)

2 What did you buy at the handicrafts market? Write sentences using the demonstrative adjectives in parentheses.

1. (este) _____

   _____

2. (aquellas) _____

   _____

3. (esos) _____

   _____

4. (esa) _____

   _____

5. (estos) _____

   _____

3 Write three sentences about things that are near to you and things that are far from you at this moment. Use demonstrative adjectives.

1. _____

2. _____

3. _____

Integración: Hablar

Level 1b, pp. 272–274
WB CD 04 track 31

Iván and his friends go on vacation, and decide to go to an arts and crafts fair. Ivan's friends are interested in shopping but he wants to do other activities in the area.

Fuente 1 Leer

Read the newspaper article on the **Feria de Artesanías**...

Feria de Artesanías

Todos los que pasan sus vacaciones en nuestra playa pueden ir a la Feria de Artesanías. Es un lugar fantástico. En la feria venden todas las cosas que las personas buscan. Después de un día de actividades al aire libre, pueden dar una caminata por la playa y llegar al Parque Victorino. En este parque pueden montar a caballo y comer al aire libre. Es un buen lugar para hacer una parrillada.

Fuente 2 Escuchar   *WB CD 04 track 32*

Listen to what the announcer says through loudspeakers at the Feria de Artesanías. Take notes.

_____

_____

_____

_____

Hablar

What can Ivan's friends buy at the **Feria de Artesanías**? What other activities can Ivan and his friends do nearby? Tell when they should do each activity.

modelo: Primero, Iván y sus amigos pueden... Luego, también pueden...

Unidad 8, Lección 2
Integración: Hablar

180

¡Avancemos! 1b
Cuaderno: Práctica por niveles

UNIDAD 8 • Integración:
Lección 2 Hablar

Integración: Escribir

Level 1b, pp. 272–274
WB CD 04 track 33

Lucía went on vacation with her classmates. Olga couldn't join them for the trip.

Fuente 1 Leer

Read the email Olga sent to Lucía.

> Queridos amigos:
>
> Ya es de noche y les escribo porque no estoy triste. No ir de vacaciones fue mejor porque estoy enferma. Me duelen la cabeza y el estómago. Es cierto, no tengo ganas salir. Ahora quiero dormir. Pero voy a estar bien. Quisiera pedir una cosa pequeña. Si tienen tiempo y pueden, quiero que compren un recuerdo del lugar donde ustedes están. Si me traen un recuerdo de ese lugar, cuando lleguen voy a estar contenta.
>
> Adiós,
>
> Olga

Fuente 2 Escuchar   *WB CD 04 track 34*

Listen to Federico's voice message to Olga. Take notes.

_____

_____

_____

_____

Escribir

Now answer this question: Olga had to stay home, but what's going to happen for her to feel better? Explain why.

Modelo: Olga quiere...Entonces sus amigos

_____

_____

_____

_____

_____

_____

Escuchar A

> **¡AVANZA!** **Goal:** Listen to people talking about vacation activities.

1 Listen to Cecilia talking about her vacation. Then, read each sentence and answer **cierto** (true) or **falso** (false).

C   F   **1.** A Cecilia le gustan las actividades al aire libre.

C   F   **2.** A Cecilia no le gusta montar a caballo.

C   F   **3.** A los amigos de Cecilia les gusta montar a caballo.

C   F   **4.** Estas vacaciones, Cecilia va al campo.

C   F   **5.** Cecilia siempre va a la playa con su familia.

2 Listen to Inés. Then, complete the sentences using the correct word in parentheses.

1. Inés va de _____ (vacaciones / caballo) con sus amigos.

2. Los amigos de Inés son _____ . (divertidos / baratos)

3. Inés tiene _____ . (la calidad / una pelota)

4. Inés va a comprarle a su madre _____ como recuerdo. (unos aretes / artesanías)

Unidad 8, Lección 2
Escuchar A

182

¡Avancemos! 1b
Cuaderno: Práctica por niveles

UNIDAD 8 • Lección 2
Escuchar A

Escuchar B

> ¡AVANZA! **Goal:** Listen to people talking about vacation activities.

1 Listen to Victoria. Then, draw lines to match each person with what he or she bought at the handicrafts market.

a. Verónica   Anillo

b. Hugo   Artículo de madera

c. Mauro   Recuerdos

d. Sandra   Aretes de plata

e. Victoria   Collar

2 Listen to Ernesto. Then, complete the following sentences.

1. Victoria le compró _____

   a Ernesto.

2. Este regalo es _____

3. No fue cara porque _____

4. La persona de la tienda las vendió baratas porque _____

5. Victoria les compró estos artículos a _____

Escuchar C

 Goal: Listen to people talking about vacation activities.

1 Listen to the handicrafts seller and take notes. Then, complete the chart.

¿Quién compró?	¿Qué compró?	¿De qué es?

2 Listen to Miriam and take notes. Then, answer the questions with complete sentences.

1. ¿Qué compró Miriam y para quién lo compró?

_____

2. ¿Qué le gusta a la mamá de Miriam?

_____

3. ¿Cómo son las joyas que más le gustan a la mamá de Miriam?

_____

4. ¿Por qué Miriam no le compró nada a su padre?

_____

Unidad 8, Lección 2
Escuchar C

184

¡Avancemos! 1b
Cuaderno: Práctica por niveles

UNIDAD 8 • Escuchar C
Lección 2

Leer A

> ¡AVANZA! **Goal:** Read about vacation activities.

A campground places an ad in the local newspaper.

〰️ *¿Te gusta acampar?*

Si te gusta acampar, conocemos el lugar ideal para hacerlo.

• Puedes hacer muchas actividades al aire libre: puedes montar a caballo, hacer surfing o dar una caminata.

¿Quieres venir a un lugar fantástico?

• Este lugar es un lugar como los de las películas.

• Si vienen en grupo les podemos ofrecer precios muy baratos.

¿Comprendiste?

Read the ad from a campground. Mark with an "x" those sentences that name things you can do.

1. acampar _____

2. hacer actividades en el agua _____

3. montar a caballo _____

4. caminar al aire libre _____

5. comprar recuerdos _____

6. ver animales _____

7. hacer deportes en el agua _____

8. llevar a tus amigos _____

¿Qué piensas?

¿Te gustaría ir a un lugar como el que describe la publicidad? ¿Por qué?

_____

_____

_____

Leer B

> ¡AVANZA! **Goal:** Read about vacation activities.

Before going away on vacation with some friends, Andrea receives an e-mail.

> Hola, Andrea:
>
> Te escribo este correo electrónico porque sé que sales de viaje a las 2:45 pm y yo salgo de mi clase de ciencias a las 3:00 pm.
>
> Las vacaciones son muy divertidas cuando vas con cuatro personas. ¿Puedes tomar fotos de todo el grupo? ¿Me mandas las fotos por correo electrónico?
>
> Conozco un lugar bonito, donde pueden acampar y hacer parrilladas. ¡Es buenísimo! Está al lado del mercado de artesanías.
>
> Adios,
>
> Javier

¿Comprendiste?

Read Javier's e-mail. Then complete the sentences.

1. Javier le escribe un correo electrónico a Andrea porque _____

2. Andrea va de vacaciones con un _____

3. Javier le pide _____

4. Javier le habla de un lugar muy bueno para _____

5. Ese lugar está cerca _____

¿Qué piensas?

¿Te gusta ir de vacaciones en grupo o con pocas personas? ¿Por qué?

_____

_____

_____

_____

_____

_____

Unidad 8, Lección 2
Leer B

186

¡Avancemos! 1b
Cuaderno: Práctica por niveles

UNIDAD 8
Lección 2 • Leer B

Leer C

> ¡AVANZA! **Goal:** Read about vacation activities.

Verónica received a letter from her friend Raúl.

> Hola, Verónica.
>
> Todavía estoy en la playa. No encuentro una computadora para mandarte un correo electrónico, entonces te escribo esta carta.
>
> Ayer fui al mercado de artesanías y te compré un recuerdo. Vi un collar de plata que me gustó mucho pero no sé si te gustaría. Todo fue muy barato porque regateé y el señor me vendió todo a un buen precio.
>
> También hice surf de vela. Fue divertido. Como al aire libre todas las mañanas y leo un libro en mi tiempo libre por las tardes. Estoy muy contento, y tú, ¿cómo estás?
>
> Raúl

¿Comprendiste?

Read the letter from Raúl. Then answer the following questions using complete sentences.

1. ¿Por qué Raúl escribe una carta?

   _____

2. ¿Qué hizo en el mercado?

   _____

3. ¿Por qué pagó poco dinero por las cosas que compró?

   _____

4. ¿Qué más hace Raúl?

   _____

¿Qué piensas?

1. ¿Tú les escribes a tus amigos cuando estás de vacaciones?

   _____

2. Da un ejemplo:

   _____

   _____

Escribir A

> ¡AVANZA! **Goal:** Write about vacation activities.

Step 1

Write a list of things you can buy in a handicrafts market.

1. _____
2. _____
3. _____
4. _____
5. _____
6. _____

Step 2

Using the information from the list, write three sentences about which of these items you can buy for your friends and family, and why. Use indirect object pronouns.

_____

_____

_____

_____

Step 3

Evaluate your writing using the information in the table.

Writing Criteria	Excellent	Good	Needs Work
Content	Your sentences include many details and new vocabulary.	Your sentences include some details and new vocabulary.	Your sentences include little information or new vocabulary.
Communication	Most of your sentences are clear.	Some of your sentences are clear.	Your sentences are not very clear.
Accuracy	Your sentences have few mistakes in grammar and vocabulary.	Your sentences have some mistakes in grammar and vocabulary.	Your sentences have many mistakes in grammar and vocabulary.

Escribir B

> ¡AVANZA! **Goal:** Write about vacation activities.

Step 1

Make a list about activities you can do on vacation.

1. _____

2. _____

3. _____

4. _____

Step 2

Using the information from the list, write four sentences about vacation activities.
Use indirect object pronouns and demonstrative adjectives.

_____

_____

_____

_____

Step 3

Evaluate your writing using the information in the table.

Writing Criteria	Excellent	Good	Needs Work
Content	Your sentences include many details and new vocabulary.	Your sentences include some details and new vocabulary.	Your sentences include little information or new vocabulary.
Communication	Most of your sentences are organized and easy to follow.	Some of your sentences are organized and easy to follow.	Your sentences are disorganized and hard to follow.
Accuracy	Your sentences have few mistakes in grammar and vocabulary.	Your sentences have some mistakes in grammar and vocabulary.	Your sentences have many mistakes in grammar and vocabulary.

Escribir C

> **¡AVANZA!** **Goal:** Write about vacation activities.

Step 1

You are going to go shopping at a handicrafts market. Complete this chart with what you buy, what is made of, and who you buy it for.

¿Qué?	¿De qué?	¿Para quién?

Step 2

Using the information from the chart, write a paragraph about a visit to a handicrafts market. Use demonstrative adjectives and indirect object pronouns.

_____

_____

_____

_____

Step 3

Evaluate your writing using the information in the table.

Writing Criteria	Excellent	Good	Needs Work
Content	Your text includes many details and vocabulary.	Your text includes some details and vocabulary.	Your text includes little information or vocabulary.
Communication	Most of your text is organized and easy to follow.	Parts of your text are organized and easy to follow.	Your text is disorganized and hard to follow.
Accuracy	Your text has few mistakes in grammar and vocabulary.	Your text has some mistakes in grammar and vocabulary.	Your text has many mistakes in grammar and vocabulary.

Cultura A

> **¡AVANZA!** **Goal:** Review cultural information about Costa Rica.

1 **Costa Rica** Complete the following sentences with one of the multiple-choice answers.

1. The taxis in Costa Rica are ____

   a. blue   **b.** yellow   **c.** red

2. Costa Rica is located in ____

   a. Central America   **b.** North America   **c.** South America

3. The **quetzal** and the **tucán** are examples of ____ found in Costa Rica.

   a. typical dishes   **b.** tropical birds   **c.** tropical plants

2 **Costa Rican culture.** Choose the correct word to complete the following sentences.

1. (Gold / Coffee) is one of Costa Rica's most exported products.

2. In Costa Rica coffee is harvested between the months of (November and January / April and June).

3. Arenal is a well-known (volcano/ river) in Costa Rica.

3 **Markets** At San José's **Mercado Central** there are many stalls that sell a variety of things. Do you remember what is sold in this market? Write about the types of items that you can buy at the **Mercado Central.** Which items would you buy if you visited this market?

_____

_____

_____

_____

¡Avancemos! 1b
Cuaderno: Práctica por niveles

Unidad 8, Lección 2
Cultura A   **191**

UNIDAD 8
Lección 2   •   Cultura A

Cultura B

> **¡AVANZA!** **Goal:** Review cultural information about Costa Rica.

1 **Costa Rica** Read the following sentences about Costa Rica and answer *true* or *false*.

T   F   **1.** The product that Costa Rica exports the most is coffee.

T   F   **2.** At the **Mercado Central** in San José, you can buy fruit and flowers.

T   F   **3.** Costa Rica is larger than México.

T   F   **4.** Costa Rica has a very cold climate.

T   F   **5.** **Casado** is a typical Costa Rican food.

2 **Costa Rican culture** Answer the following questions about Costa Rica.

1. What color are the airport taxis in Costa Rica? _____

2. In which region of the Americas is Costa Rica located? _____

3. When is the coffee harvest in Costa Rica? _____

4. What are three common transportation methods in Costa Rica? _____

3 **Transportation** Compare the modes of transportation that are popular in Costa Rica with those that are popular in your city or state. How do people travel short and long distances, typically? What are the pros and cons of each type of transportation?

_____

_____

_____

_____

Cultura C

> ¡AVANZA! **Goal:** Review cultural information about Costa Rica.

1 **Life in Costa Rica** In Costa Rica, there are many places to visit and many things to do. Where do you go in Costa Rica to do the following things?

Things to do	Places to go
Buy fruit, coffee, or flowers	_____
Surfing	_____
go to the *carreta* festival	_____

2 **Costa Rica** Answer the following questions about Costa Rica using full sentences.

1. When is coffee harvested in Costa Rica? _____

_____

2. What is the currency of Costa Rica? _____

3. What are three common transportation methods in Costa Rica? _____

_____

_____

3 **Markets** Write a comparison of Costa Rica's **Mercado Central** and Uruguay's **Mercado del Puerto.** In which cities are the markets located? What can you buy and where can you eat at each market?

_____

_____

_____

_____

_____

_____

_____

_____

Comparación cultural: ¡De vacaciones!

Level 1b, pp. 282–283

Lectura y escritura

After reading the paragraphs about how Ernesto, Isabel, and Osvaldo describe their vacations, write a short paragraph about a real or imaginary vacation. Complete the information in the three boxes and then write a paragraph that describes your vacation.

Step 1

Complete the boxes describing as many details as you can about your place, activities, and your opinion about the location.

Lugar	Actividades	Opinión

Step 2

Now take the details from the boxes and write a sentence for each one according to their category.

_____

_____

_____

_____

_____

_____

_____

_____

194

Unidad 8
Comparación cultural

¡Avancemos! 1b
Cuaderno: Práctica por niveles

UNIDAD 8 • Comparación cultural

Comparación cultural: ¡De vacaciones!

Lectura y escritura (continued)

Step 3

Now write your paragraph using the sentences you wrote as a guide. Include an introductory sentence and use **hacer un viaje, quedarse** and **gustar** to write about your own vacation.

_____

_____

_____

_____

_____

_____

Checklist

Be sure that…

☐ all the details about your vacation from your boxes are included in the paragraph;

☐ you use details to describe, as clearly as possible, all of your activities;

☐ you include new vocabulary words and the verbs **hacer un viaje, quedarse, and gustar.**

Rubric

Evaluate your writing using the rubric below.

Writing criteria	Excellent	Good	Needs Work
Content	Your paragraph includes many details about your vacation.	Your paragraph includes some details about your vacation.	Your paragraph includes little information about your vacation.
Communication	Most of your paragraph is organized and easy to follow.	Parts of your paragraph are organized and easy to follow.	Your paragraph is disorganized and hard to follow.
Accuracy	Your paragraph has few mistakes in grammar and vocabulary.	Your paragraph has some mistakes in grammar and vocabulary.	Your paragraph has many mistakes in grammar and vocabulary.

UNIDAD 8 • Comparación cultural

Comparación cultural: ¡De vacaciones!

Compara con tu mundo

Now write a comparison about your vacation and that of one of the three students from page 283. Organize your comparison by topics. First, compare the place where you go, then the activities, and lastly your opinions about the locations.

Step 1

Use the table to organize your comparison by topics. Write details for each topic about yourself and the student you chose.

Categoría	Mis vacaciones	Las vacaciones de _____
lugar(es)		
actividades		
opinión		

Step 2

Now use the details from your chart to write the comparison. Include an introductory sentence and write about each topic. Use **hacer un viaje, quedarse,** and **gustar** to describe your vacation and that of the student you chose.

_____

_____

_____

_____

_____

_____

_____

_____

Level 1
Level 1b

¡Avancemos!

Vocabulary and Grammar
Lesson Review Bookmarks

Greet People and Say Goodbye

GREETINGS

Buenos días.	*Good morning.*
Buenas tardes.	*Good afternoon.*
Buenas noches.	*Good evening.*
Hola.	*Hello./Hi.*

SAY GOODBYE

Adiós.	*Goodbye.*
Buenas noches.	*Good night.*
Hasta luego.	*See you later.*
Hasta mañana.	*See you tomorrow.*

SAY HOW YOU ARE

¿Cómo estás?	*How are you? (familiar)*
¿Cómo está usted?	*How are you? (formal)*
¿Qué tal?	*How is it going?*
Bien.	*Fine.*
Mal.	*Bad.*
Más o menos.	*So-so.*
Muy bien.	*Very well.*
Regular.	*Okay.*
¿Y tú?	*And you? (familiar)*
¿Y usted?	*And you? (formal)*
¿Qué pasa?	*What's up?*

Say Which Day It Is

¿Qué día es hoy?	*What day is today?*
Hoy es...	*Today is...*
Mañana es...	*Tomorrow is...*
el día	*day*
hoy	*today*
mañana	*tomorrow*
la semana	*week*

Describe the Weather

¿Qué tiempo hace?	*What is the weather like?*
Hace calor.	*It is hot.*
Hace frío.	*It is cold.*
Hace sol.	*It is sunny.*
Hace viento.	*It is windy.*
Llueve.	*It is raining.*
Nieva.	*It is snowing.*

Say Where You Are From

¿De dónde eres?	*Where are you (familiar) from?*
¿De dónde es?	*Where is he/she from?*
¿De dónde es usted?	*Where are you (formal) from?*
Soy de...	*I am from...*
Es de...	*He/She is from...*

Make Introductions

¿Cómo se llama?	*What's his/her/your (formal) name?*
Se llama...	*His/Her name is...*
¿Cómo te llamas?	*What's your (familiar) name?*
Me llamo...	*My name is...*
Te/Le presento a...	*Let me introduce you (familiar/formal) to...*
El gusto es mío.	*The pleasure is mine.*
Encantado(a).	*Delighted./Pleased to meet you.*
Igualmente.	*Same here./Likewise.*
Mucho gusto.	*Nice to meet you.*
¿Quién es?	*Who is he/she/it?*
Es...	*He/She/It is...*

Exchange Phone Numbers

¿Cuál es tu/su número de teléfono?	*What's your (familiar/formal) phone number?*
Mi número de teléfono es...	*My phone number is...*

Other Words and Phrases

la clase	*class*
en (la) maestro(a) de español	*Spanish teacher (male/female)*
Perdón.	*Excuse me.*
el país	*country*
(Muchas) Gracias.	*Thank you (very much).*
el señor (Sr.)	*Mr.*
la señora (Sra.)	*Mrs.*
la señorita (Srta.)	*Miss*
sí	*yes*
no	*no*

Talk About Activities

alquilar un DVD	to rent a DVD
andar en patineta	to skateboard
aprender el español	to learn Spanish
beber	to drink
comer	to eat
comprar	to buy
correr	to run
descansar	to rest
dibujar	to draw
escribir correos electrónicos	to write e-mails
escuchar música	to listen to music
estudiar	to study
hablar por teléfono	to talk on the phone
hacer la tarea	to do homework
jugar al fútbol	to play soccer
leer un libro	to read a book
mirar la televisión	to watch television
montar en bicicleta	to ride a bike
pasar un rato con los amigos	to spend time with friends
pasear	to go for a walk
practicar deportes	to practice / play sports
preparar la comida	to prepare food / a meal
tocar la guitarra	to play the guitar
trabajar	to work

Say What You Like and Don't Like to Do

¿Qué te gusta hacer?	What do you like to do?
¿Te gusta...?	Do you like...?
Me gusta...	I like...
No me gusta...	I don't like...

Snack Foods and Beverages

el agua (fem.)	water
la fruta	fruit
la galleta	cookie
el helado	ice cream
el jugo	juice
las papas fritas	French fries
la pizza	pizza
el refresco	soft drink

Other Words and Phrases

la actividad	activity
antes de	before
después (de)	afterward, after
la escuela	school
más	more
o	or
pero	but
también	also

Describe Yourself and Others

¿Cómo eres?	What are you like?
PERSONALITY	
artístico(a)	artistic
atlético(a)	athletic
bueno(a)	good
cómico(a)	funny
desorganizado(a)	disorganized
estudioso(a)	studious
inteligente	intelligent
malo(a)	bad
organizado(a)	organized
perezoso(a)	lazy
serio(a)	serious
simpático(a)	nice
trabajador(a)	hard-working
APPEARANCE	
alto(a)	tall
bajo(a)	short (height)
bonito(a)	pretty
grande	big, large; great
guapo(a)	good-looking
joven (pl. jóvenes)	young
pelirrojo(a)	red-haired
pequeño(a)	small
viejo(a)	old
Tengo...	I have ...
Tiene...	He / She has
pelo rubio	blond hair
pelo castaño	brown hair

People

el (la) amigo (a)	friend
la chica	girl
el chico	boy
el (la) estudiante	student
el hombre	man
la mujer	woman
la persona	person

Other Words and Phrases

muy	very
un poco	a little
porque	because
todos(as)	all

Subject Pronouns and ser

Ser means *to be*. Use **ser** to identify a person or say where he or she is from.

	Singular		Plural	
yo	**soy**	nosotros(as)	**somos**
tú	**eres**	vosotros(as)	**sois**
usted	**es**	ustedes	**son**
él, ella	**es**	ellos(as)	**son**

Gustar with an Infinitive

Use **gustar** to talk about what people like to do.

A mí **me gusta** dibujar.
A ti **te gusta** dibujar.
A usted **le gusta** dibujar.
A él, ella **le gusta** dibujar.
A nosotros(as) **nos gusta** dibujar.
A vosotros(as) **os gusta** dibujar.
A ustedes **les gusta** dibujar.
A ellos(as) **les gusta** dibujar.

Nota gramatical: Use **de** with the verb **ser** to talk about where someone is from.
Yo **soy** *de Miami. Ellos* **son** *de California.*

Definite and Indefinite Articles

In Spanish, articles match nouns in gender and number.

		Definite Article	Noun	Indefinite Article	Noun
Masculine	Singular	el	chico	un	chico
	Plural	los	chicos	unos	chicos
Feminine	Singular	la	chica	una	chica
	Plural	las	chicas	unas	chicas

Noun-Adjective Agreement

In Spanish, adjectives match the gender and number of the nouns they describe.

	Singular	Plural
Masculine	el chico alto	los chicos altos
Feminine	la chica alta	las chicas altas

Nota gramatical: Use **ser** to describe what people are like.
Ella **es** *alta. Mis amigos* **son** *simpáticos.*

Tell Time and Discuss Daily Schedules

¿A qué hora es...?	At what time is . . . ?
¿Qué hora es?	What time is it?
A la(s)...	At . . . o'clock.
Es la... / Son las...	It is . . . o'clock.
de la mañana	in the morning (with a time)
de la tarde	in the afternoon (with a time)
de la noche	at night (with a time)
la hora	hour; time
el horario	schedule
menos	to, before (telling time)
el minuto	minute
...y cuarto	quarter past
...y (diez)	(ten) past
...y media	half past

Describe Classes

casi	almost
¿Cuántos(as)...?	How many . . . ?
difícil	difficult
en	in
el examen (pl. los exámenes)	exam
fácil	easy
hay...	there is, there are . . .
muchos(as)	many
tarde	late
temprano	early
tener que	to have to

NUMBERS FROM 11 TO 100 p. 12

Describe Frequency

de vez en cuando	once in a while
muchas veces	often, many times
mucho	a lot
nunca	never
siempre	always
todos los días	every day

Other Words and Phrases

Describe Classes

el arte	art
las ciencias	science
el español	Spanish
la historia	history
el inglés	English
las matemáticas	math

SCHOOL SUBJECTS

CLASSROOM ACTIVITIES

contestar	to answer
enseñar	to teach
llegar	to arrive
necesitar	to need
sacar una buena / mala nota	to get a good / bad grade
tomar apuntes	to take notes
usar la computadora	to use the computer

Describe Classroom Objects

el borrador	eraser
la calculadora	calculator
el cuaderno	notebook
el escritorio	desk
el lápiz (pl. los lápices)	pencil
el mapa	map
la mochila	backpack
el papel	paper
el pizarrón (pl. los pizarrones)	board
la pluma	pen
la puerta	door
el reloj	clock; watch
la silla	chair
la tiza	chalk
la ventana	window

Say Where Things Are Located

al lado (de)	next to
cerca (de)	near (to)
debajo (de)	underneath, under
delante (de)	in front (of)
dentro (de)	inside (of)
detrás (de)	behind
encima (de)	on top (of)
lejos (de)	far (from)

Talk about How You Feel

cansado(a)	tired
contento(a)	content, happy
deprimido(a)	depressed
emocionado(a)	excited
enojado(a)	angry
nervioso(a)	nervous
ocupado(a)	busy
tranquilo(a)	calm
triste	sad

Describe Classes

aburrido(a)	boring
divertido(a)	fun
interesante	interesting

Places in School

el baño	bathroom
la biblioteca	library
la cafetería	cafeteria
el gimnasio	gymnasium
la oficina del (de la) director(a)	principal's office
el pasillo	hall

Other Words and Phrases

¿(A)dónde?	(To) Where?
¿Cuándo?	When?
cuando	when
el problema	problem

The Verb tener

Use the verb **tener** to talk about what you have.

tener *to have*			
yo	**tengo**	nosotros(as)	**tenemos**
tú	**tienes**	vosotros(as)	**tenéis**
usted	**tiene**	ustedes	**tienen**
él, ella	**tiene**	ellos(as)	**tienen**

Tener + que + infinitive is used to talk about what someone has to do.

Present Tense of –ar Verbs

To form the present tense of a regular verb that ends in **–ar**, drop the **–ar** and add the appropriate ending.

hablar *to talk, to speak*			
yo	**habl**o	nosotros(as)	**habl**amos
tú	**habl**as	vosotros(as)	**habl**áis
usted	**habl**a	ustedes	**habl**an
él, ella	**habl**a	ellos(as)	**habl**an

Nota gramatical: For the numbers 21, 31, and so on, use **veintiún, treinta y un,** and so on before a masculine noun. Use **veintiuna, treinta y una,** and so on before a feminine noun.

The Verb estar

Use **estar** to indicate location and say how people feel.

estar *to be*			
yo	**estoy**	nosotros(as)	**estamos**
tú	**estás**	vosotros(as)	**estáis**
usted	**está**	ustedes	**están**
él, ella	**está**	ellos(as)	**están**

The Verb ir

Use **ir** to talk about where someone is going.

ir *to go*			
yo	**voy**	nosotros(as)	**vamos**
tú	**vas**	vosotros(as)	**vais**
usted	**va**	ustedes	**van**
él, ella	**va**	ellos(as)	**van**

Nota gramatical: To form a question, you can switch the position of the verb and the subject.

Talk About Foods and Beverages

MEALS

el almuerzo	lunch
la bebida	beverage, drink
la cena	dinner
compartir	to share
la comida	food, meal
el desayuno	breakfast
vender	to sell

FOR BREAKFAST

el café	coffee
el cereal	cereal
el huevo	egg
el jugo de naranja	orange juice
la leche	milk
el pan	bread
el yogur	yogurt

FOR LUNCH

la hamburguesa	hamburger
el sándwich de jamón y queso	ham and cheese sandwich
la sopa	soup

FRUIT

la banana	banana
la manzana	apple
las uvas	grapes

Describe Feelings

tener ganas de...	to feel like . . .
tener hambre	to be hungry
tener sed	to be thirsty

Ask Questions

¿Cómo?	How?
¿Cuál?	Which?, What?
¿Por qué?	Why?
¿Qué?	What?
¿Quién?	Who?

Other Words and Phrases

ahora	now
Es importante.	It's important.
horrible	horrible
nutritivo(a)	nutritious
otro(a)	other
para	for; in order to
rico(a)	tasty, delicious

Talk About Family

la abuela	grandmother
el abuelo	grandfather
los abuelos	grandparents
la familia	family
la hermana	sister
el hermano	brother
los hermanos	brothers, brother(s) and sister(s)
la hija	daughter
el hijo	son
los hijos	son(s) and daughter(s), children
la madrastra	stepmother
la madre	mother
el padrastro	stepfather
el padre	father
los padres	parents
el (la) primo(a)	cousin
los primos	cousins
la tía	aunt
el tío	uncle
los tíos	uncles, uncle(s) and aunt(s)

Pets

el (la) gato(a)	cat
el (la) perro(a)	dog

Ask, Tell, and Compare Ages

¿Cuántos años tienes?	How old are you?
Tengo... años.	I am . . . years old.
mayor	older
menor	younger

Give Dates

¿Cuál es la fecha?	What is the date?
Es el... de...	It's the . . . of . . .
el primero de...	the first of . . .
el cumpleaños	birthday

¡Feliz cumpleaños!	Happy birthday!
la fecha de nacimiento	birth date

Other Words and Phrases

vivir	to live
ya	already

NUMBERS FROM 200 TO 1,000,000

doscientos (as)	200
trescientos (as)	300
cuatrocientos (as)	400
mil	1000
un millón (de)	1,000,000

MONTHS

enero	January
febrero	February
marzo	March
abril	April
mayo	May
junio	June
julio	July
agosto	August
septiembre	September
octubre	October
noviembre	November
diciembre	December

Gustar with Nouns

To talk about the things that people like, use **gustar + noun.**

Singular	Plural
me gusta la sopa	**me gustan** los jugos
te gusta la sopa	**te gustan** los jugos
le gusta la sopa	**le gustan** los jugos
nos gusta la sopa	**nos gustan** los jugos
os gusta la sopa	**os gustan** los jugos
les gusta la sopa	**les gustan** los jugos

Present Tense of –er and –ir Verbs

vender *to sell*		**compartir** *to share*	
vendo	vendemos	comparto	compartimos
vendes	vendéis	compartes	compartís
vende	venden	comparte	comparten

Nota gramatical: To ask a question, use an interrogative word followed by a conjugated verb.
¿Cómo está usted? How are you?

Nota gramatical: The verb **hacer** is irregular in the present tense only in the **yo** form (**hago**). In other forms, it follows the pattern for **–er** verbs.

Possessive Adjectives

In Spanish, **possessive adjectives** agree in number with the nouns they describe. **Nuestro(a)** and **vuestro(a)** must also agree in gender with the nouns they describe.

Singular Possessive Adjectives		Plural Possessive Adjectives	
mi *my*	**nuestro(a)** *our*	**mis** *my*	**nuestros(as)** *our*
tu *your (familiar)*	**vuestro(a)** *your (familiar)*	**tus** *your (familiar)*	**vuestros(as)** *your (familiar)*
su *your (formal)*	**su** *your (formal)*	**sus** *your*	**sus** *your*
su *his, her, its*	**su** *his, her, its*	**sus** *his, her, its*	**sus** *thier*

Comparatives

Use with an adjective to compare two things:

If no adjective, use these phrases.

más... que

menos... que

tan... como

más que...

menos que...

tanto como...

Irregular comparative words.

mayor *older*	**menor** *younger*	**mejor** *better*	**peor** *worse*

Nota gramatical: Use **de** and a **noun** to show possession.
el gato de **Marisa** *Marisa's cat*

Nota gramatical: Use **tener** to talk about how old a person is.
¿Cuantos años tiene tu amiga? How old is your friend?

Nota gramatical: To give the date, use the phrase: Es el + **number** + de + **month.** Hoy es el **diez** de **diciembre.**
Today is the tenth of December.
Es el **primeiro** de **diciembre.** *It is December first.*

Talk About Shopping

el centro comercial	shopping center, mall
¿Cuánto cuesta(n)?	How much does it (do they) cost?
Cuesta(n)...	It (They) cost....
el dinero	money
el dólar (pl. los dólares)	dollar
el euro	euro
ir de compras	to go shopping
pagar	to pay
el precio	price
la tienda	store

Describe Clothing

la blusa	blouse
los calcetines	socks
la camisa	shirt
la camiseta	T-shirt
la chaqueta	jacket
feo(a)	ugly
el gorro	winter hat
los jeans	jeans
llevar	to wear
nuevo(a)	new
los pantalones	pants
los pantalones cortos	shorts
la ropa	clothing
el sombrero	hat
el vestido	dress
los zapatos	shoes

COLORS

amarillo(a)	yellow
anaranjado(a)	orange
azul	blue
blanco(a)	white
marrón (pl. marrones)	brown
negro(a)	black
rojo(a)	red
verde	green

Expressions with tener

tener calor	to be hot
tener frío	to be cold
tener razón	to be right
tener suerte	to be lucky

Discuss Seasons

la estación (pl. las estaciones)	season
el invierno	winter
el otoño	autumn, fall
la primavera	spring
el verano	summer

Other Words and Phrases

durante	during
cerrar (ie)	to close
empezar (ie)	to begin
entender (ie)	to understand
pensar (ie)	to think, to plan
preferir (ie)	to prefer
querer (ie)	to want

Describe Places in Town

el café	café
el centro	center, downtown
el cine	movie theater; the movies
el parque	park
el restaurante	restaurant
el teatro	theater

In a Restaurant

el (la) camarero(a)	(food) server
costar (ue)	to cost
la cuenta	bill
de postre	for dessert
el menú	menu
la mesa	table
el plato principal	main course
la propina	tip

ORDERING FROM A MENU

pedir (i)	to order, to ask for
servir (i)	to serve

FOR DINNER

el arroz	rice
el bistec	beef
el brócoli	broccoli
la carne	meat
la ensalada	salad
los frijoles	beans
el pastel	cake
la patata	potato
el pescado	fish
el pollo	chicken
el tomate	tomato
las verduras	vegetables

Describe Events in Town

el concierto	concert
las entradas	tickets

Getting Around Town

la música rock	rock music
la película	movie
la ventanilla	ticket window
a pie	by foot
la calle	street
en autobús	by bus
en coche	by car
encontrar (ue)	to find
tomar	to take

Other Words and Phrases

allí	there
almorzar (ue)	to eat lunch
aquí	here
dormir (ue)	to sleep
el lugar	place
poder (ue)	to be able, can
tal vez	perhaps, maybe
ver	to see
volver (ue)	to return, to come back

Stem-Changing Verbs: e → ie

For e → ie stem-changing verbs, the e of the stem changes to ie in all forms except nosotros(as) and vosotros(as).

querer to want	
quiero	queremos
quieres	queréis
quiere	quieren

Direct Object Pronouns

Direct object pronouns can be used to replace direct object nouns.

Singular		Plural	
me	me	nos	us
te	you (familiar)	os	you (familiar)
lo	you (formal), him, it	los	you, them
la	you (formal), her, it	las	you, them

Nota gramatical: Use **tener** to form many expressions that in English would use *to be*.
Tengo frío. *I am cold*

Stem-Changing Verbs: o → ue

For o → ue stem-changing verbs, the last o of the stem changes to ue in all forms except nosotros(as) and vosotros(as).

poder to be able, can	
puedo	podemos
puedes	podéis
puede	pueden

Stem-Changing Verbs: e → i

For e → i stem-changing verbs, the last e of the stem changes to i in all forms except nosotros(as) and vosotros(as).

servir to serve	
sirvo	servimos
sirves	servís
sirve	sirven

Nota gramatical: Ver has an irregular yo form in the present tense.
Veo un autobús.

Nota gramatical: Use a form of ir a + infinitive to talk about what you are going to do.

Describe a House

el apartamento	apartment
el armario	closet; armoire
bajar	to descend
la casa	house
la cocina	kitchen
el comedor	dining room
el cuarto	room; bedroom
la escalera	stairs
ideal	ideal
el jardín (pl. los jardines)	garden
el patio	patio
el piso	floor (of a building)
la planta baja	ground floor
la sala	living room
subir	to go up
el suelo	floor (of a room)

Describe Household Items

la cosa	thing
el disco compacto	compact disc
el lector DVD	DVD player
el radio	radio
el televisor	television set

Furniture

la alfombra	rug
la cama	bed
la cómoda	dresser
las cortinas	curtains
el espejo	mirror
la lámpara	lamp
los muebles	furniture
el sillón (pl. los sillones)	armchair
el sofá	sofa, couch

el tocadiscos compactos	CD player
los videojuegos	video games

Ordinal Numbers

primero(a)	first
segundo(a)	second
tercero(a)	third
cuarto(a)	fourth
quinto(a)	fifth
sexto(a)	sixth
séptimo(a)	seventh
octavo(a)	eighth
noveno(a)	ninth
décimo(a)	tenth

Plan a Party

bailar	to dance
cantar	to sing
celebrar	to celebrate
dar una fiesta	to give a party
decorar	to decorate
las decoraciones	decorations
la fiesta de sorpresa	surprise party
el globo	balloon
los invitados	guests
invitar a	to invite (someone)
salir	to leave, to go out
el secreto	secret
venir	to come

Talk About Chores and Responsibilities

acabar de...	to have just . . .
ayudar	to help
barrer el suelo	to sweep the floor
cocinar	to cook
cortar el césped	to cut the grass
darle de comer al perro	to feed the dog
deber	should, ought to
hacer la cama	to make the bed
lavar los platos	to wash the dishes
limpiar (la cocina)	to clean the kitchen
limpio(a)	clean
pasar la aspiradora	to vacuum
planchar la ropa	to iron
poner la mesa	to set the table
los quehaceres	chores
sacar la basura	to take out the trash
sucio(a)	dirty

Talk About Gifts

abrir	to open
buscar	to look for

envolver (ue)	to wrap
el papel de regalo	wrapping paper
recibir	to receive
el regalo	gift
traer	to bring

Other Words and Phrases

decir	to say, to tell
hay que	one has to, one must
poner	to put, to place
si	if
todavía	still; yet

Ser or estar

Ser and **estar** both mean *to be.*

Use **ser** to indicate origin.
Use **ser** to describe personal traits and physical characteristics.
Ser is also used to indicate professions.
You also use **ser** to express possession and to give the time and the date.

Use **estar** to indicate location.
Estar is also used to describe conditions, both physical and emotional.

Ordinal Numbers

When used with a noun, an **ordinal number** must agree in number and gender with that noun.

Ordinals are placed before nouns.
Primero and **tercero** drop the **o** before a masculine singular noun.

More Irregular Verbs

Dar, decir, poner, salir, traer, and **venir** are all irregular.

decir *to say, to tell*		venir *to come*	
digo	decimos	vengo	venimos
dices	decís	vienes	venís
dice	dicen	viene	vienen

Some verbs are irregular only in the **yo** form of the present tense.

dar	poner	salir	traer
doy	pongo	salgo	traigo

Affirmative tú Commands

Regular **affirmative tú commands** are the same as the **él/ella** forms in the present tense.

Infinitive	Present Tense	Affirmative tú Command
lavar	(él, ella) **lava**	¡**Lava** los platos!
barrer	(él, ella) **barre**	¡**Barre** el suelo!
abrir	(él, ella) **abre**	¡**Abre** la puerta!

There are irregular **affirmative tú commands.**

decir	hacer	ir	poner	salir	ser	tener	venir
di	haz	ve	pon	sal	sé	ten	ven

Nota gramatical: When you want to say that something has just happened, use the verb
acabar de + **infinitive.**

Acabamos de comprar el pastel para la fiesta.
We just bought the cake for the party

Sports

el básquetbol	basketball
el béisbol	baseball
el fútbol americano	football
nadar	to swim
la natación	swimming
patinar	to skate
patinar en línea	to in-line skate
el tenis	tennis
el voleibol	volleyball

Locations and People

los aficionados	fans
el (la) atleta	athlete
el campeón (pl. los campeones), la campeona	champion
el campo	field
la cancha	court
el equipo	team
el estadio	stadium
el (la) ganador(a)	winner
el (la) jugador(a)	player
la piscina	pool
el partido	game
peligroso(a)	dangerous
perder (ie)	to lose

Sports Equipment

el bate	bat
el casco	helmet
el guante	glove
los patines en línea	in-line skates
la pelota	ball
la raqueta	racket

Talk About Sports

comprender las reglas	to understand the rules
favorito(a)	favorite
ganar	to win

Talk About Staying Healthy

enfermo(a)	sick
fuerte	strong
herido(a)	hurt
levantar pesas	to lift weights
la salud	health
sano(a)	healthy

PARTS OF THE BODY

la boca	mouth
el brazo	arm
la cabeza	head
el corazón (pl. los corazones)	heart
el cuerpo	body
el estómago	stomach
la mano	hand
la nariz (pl. las narices)	nose
el ojo	eye
la oreja	ear
el pie	foot
la piel	skin
la pierna	leg
la rodilla	knee
el tobillo	ankle

Outdoor Activities

el bloqueador de sol	sunscreen
bucear	to scuba-dive
caminar	to walk
hacer esquí acuático	to water-ski
el mar	sea
la playa	beach
tomar el sol	to sunbathe

Make Excuses

| doler (ue) | to hurt, to ache |
| Lo siento. | I'm sorry. |

Other Words and Phrases

anoche	last night
ayer	yesterday
comenzar (ie)	to begin
terminar	to end
¿Qué hiciste (tú)?	What did you do?
¿Qué hicieron ustedes?	What did you do?

The Verb jugar

Jugar is a stem-changing verb in which the **u** changes to **ue** in all forms except **nosotros(as)** and **vosotros(as)**.

jugar *to play*	
juego	**ju**gamos
juegas	**ju**gáis
juega	**ju**egan

When you use **jugar** with the name of a sport, use **jugar a** + **sport.**

The Verbs saber and conocer

Both **saber** and **conocer** mean *to know* and have irregular **yo** forms in the present tense.

saber *to know*		conocer *to know*	
sé	sabemos	conozco	conocemos
sabes	sabéis	conoces	conocéis
sabe	saben	conoce	conocen

· Use **saber** to talk about factual information you know. You can also use **saber** + **infinitive** to say that you know how to do something.

· Use **conocer** when you want to say that you are familiar with a person or place. You also use **conocer** to talk about meeting someone for the first time.

Nota gramatical: When a specific person is the direct object of a sentence, use the personal **a** after the verb and before the person.
No conozco **a** Raúl. *I don't know Raúl.*

Preterite of Regular –ar Verbs

To form the **preterite** of a regular **–ar** verb, add the appropriate preterite ending to the verb's stem.

nadar *to swim*	
nadé	nadamos
nadaste	nadasteis
nadó	nadaron

Preterite of -car, -gar, -zar Verbs

Regular verbs that end in **-car, -gar, or -zar** have a spelling change in the **yo** form of the preterite.

buscar	c becomes → qu	(yo) busqué
jugar	g becomes → gu	(yo) jugué
almorzar	z becomes → c	(yo) almorcé

Nota gramatical: To express what hurts, use **doler (ue)** followed by a definite article and a part of the body.
Me **duele la cabeza.** *My head hurts.*

Talk About Technology

la cámara digital	digital camera
conectar a Internet	to connect to the Internet
la dirección (pl. las direcciones) electrónica	e-mail address
estar en línea	to be online
hacer clic en	to click on
el icono	icon
mandar	to send
el mensajero instantáneo	instant messaging
navegar por Internet	to surf the Internet
la pantalla	screen
quemar un disco compacto	to burn a CD
el ratón (pl. los ratones)	mouse
el sitio Web	Web site
el teclado	keyboard
tomar fotos	to take photos

Talk About Events

anteayer	the day before yesterday
el año pasado	last year
entonces	then, so
luego	later, then
más tarde	later on
por fin	finally
la semana pasada	last week

Talk About Negative or Indefinite Situations

algo	something
alguien	someone
algún / alguno(a)	some, any
nada	nothing
nadie	no one, nobody
ni... ni	neither . . . nor
ningún / ninguno(a)	none, not any
o... o	either . . . or
tampoco	neither, not either

At the Amusement Park

los autitos chocadores	bumper cars
el boleto	ticket
la montaña rusa	roller coaster
subir a	to ride
¡Qué divertido!	How fun!
tener miedo	to be afraid
¡Qué miedo!	How scary!
la vuelta al mundo	Ferris wheel

Make a Phone Call

dejar un mensaje	to leave a message
la llamada	phone call
llamar	to call (by phone)
el teléfono celular	cellular phone

Talk on the Phone

¿Aló?	Hello?
¿Está...?	Is . . . there?
No, no está.	No, he's / she's not.
¿Puedo hablar con...?	May I speak with . . . ?
Un momento.	One moment.

Extended Invitations

¿Quieres acompañarme a...?	Would you like to come with me to . . . ?
¿Te gustaría...?	Would you like . . . ?
Te invito.	I'll treat you. / I invite you.
ACCEPT	
¡Claro que sí!	Of course!
Me gustaría...	I would like . . .
Sí, me encantaría.	Yes, I would love to.
DECLINE	
¡Qué lástima!	What a shame!

Places of Interest

el acuario	aquarium
la feria	fair
el museo	museum
el parque de diversiones	amusement park
el zoológico	zoo

Other Words and Phrases

| con | with |
| el fin de semana | weekend |

Preterite of Regular –er and –ir Verbs

In the preterite, **–er** and **–ir** verb endings are identical.

vender *to sell*		escribir *to write*	
vendí	vendimos	escribí	escribimos
vendiste	vendisteis	escribiste	escribisteis
vendió	vendieron	escribió	escribieron

Affirmative and Negative Words

Affirmative Words		Negative Words	
algo	*something*	**nada**	*nothing*
alguien	*someone*	**nadie**	*no one, nobody*
algún / alguno(a)	*some, any*	**ningún / ninguno(a)**	*none, not any*
o... o	*either... or*	**ni... ni**	*neither... nor*
siempre	*always*	**nunca**	*never*
también	*also*	**tampoco**	*neither, not either*

Alguno(a) and **ninguno(a)** must match the gender of the noun they replace or modify. They have different forms when used before masculine singular nouns.

Nota gramatical: **Ningunos(as)** is used only with nouns that are not typically singular.
No compro **ningunos** jeans. *I'm not buying any jeans.*

Preterite of ir, ser, and hacer

Ir, **ser**, and **hacer** are irregular in the preterite tense. The preterite forms of **ir** and **ser** are exactly the same.

ir *to go* / ser *to be*		hacer *to do, to make*	
fui	fuimos	hice	hicimos
fuiste	fuisteis	hiciste	hicisteis
fue	fueron	hizo	hicieron

Pronouns After Prepositions

Pronouns that follow prepositions are the same as the subject pronouns except **mí** (**yo**) and **ti** (**tú**).

Pronouns After Prepositions	
mí	nosotros(as)
ti	vosotros(as)
usted, él, ella	ustedes, ellos(as)

The preposition **con** combines with **mí** and **ti** to form the words **conmigo** and **contigo**.

Nota gramatical: To express *How + adjective*, use Qué + **adjective** in the masculine singular form. Use the feminine form only when a feminine noun is being described.
¡Qué **divertido**! *How fun!*

Talk About a Daily Routine

acostarse (ue)	to go to bed
afeitarse	to shave oneself
bañarse	to take a bath
cepillarse los dientes	to brush one's teeth
despertarse (ie)	to wake up
dormirse (ue)	to fall asleep
ducharse	to take a shower
lavarse	to wash oneself
lavarse la cara	to wash one's face
levantarse	to get up
maquillarse	to put on makeup
peinarse	to comb one's hair
ponerse (la ropa)	to put on (clothes)
secarse	to dry oneself
secarse el pelo	to dry one's hair
vestirse (i)	to get dressed

TALK ABOUT GROOMING

el cepillo (de dientes)	brush (toothbrush)
el champú	shampoo
el jabón	soap
la pasta de dientes	toothpaste
el peine	comb
el secador de pelo	hair dryer
la toalla	towel

Talk About a Typical Day

generalmente	generally
normalmente	normally
la rutina	routine

Other Words and Phrases

el campo	the country
la ciudad	city
esperar	to wait (for)
hacer un viaje	to take a trip
en avión	by plane
en barco	by boat
en tren	by train
el hotel	hotel
quedarse en	to stay in
las vacaciones	vacation
de vacaciones	on vacation

Talk About Vacation Activities

acampar	to camp
comer al aire libre	to picnic, to eat outside
dar una caminata	to hike
hacer una parrillada	to barbecue
hacer surf de vela	to windsurf
hacer surfing	to surf
montar a caballo	to ride a horse
el tiempo libre	free time

Talk About Buying Souvenirs

barato(a)	inexpensive
la calidad	quality
caro(a)	expensive
demasiado	too much
el mercado	market
el recuerdo	souvenir

JEWELRY AND HANDICRAFTS

el anillo	ring
el arete	earring
las artesanías	handicrafts
los artículos	goods
de madera	wood
de oro	gold
de plata	silver
la cerámica	ceramics
el collar	necklace
las joyas	jewelry

BARGAINING

Le dejo... en...	I'll give . . . to you for . . .
Le puedo ofrecer...	I can offer you . . .
¿Me deja ver...?	May I see . . . ?
¡Qué caro(a)!	How expensive!
Quisiera...	I would like . . .
regatear	to bargain

Indicate Position

aquel (aquella)	that (over there)
aquellos(as)	those (over there)
ese(a)	that
esos(as)	those
este(a)	this
estos(as)	these
¿Qué es esto?	What is this?

Reflexive Verbs

Use reflexive pronouns with **reflexive verbs** when the subject in a sentence is the same as its object.

lavarse *to wash oneself*	
me **lavo**	nos **lavamos**
te **lavas**	os **laváis**
se **lava**	se **lavan**

Present Progressive

To form the present progressive in Spanish, use the present tense of **estar** + **present participle.**

-ar verbs	-er verbs	-ir verbs
caminar ← ando	poner ← iendo	abrir ← iendo
camin**ando**	pon**iendo**	abr**iendo**

Some verbs have a spelling change or a stem change in the present participle.

Indirect Object Pronouns

Indirect Object pronouns use the same words as direct object pronouns except for le and les.

Singular		Plural	
me	*me*	**nos**	*us*
te	*you (familiar)*	**os**	*you (familiar)*
le	*you (formal), him, her*	**les**	*you, them*

Demonstrative Adjective

In Spanish, **demonstrative adjectives** must match the nouns they modify in gender and number.

	Singular	Plural
Masculine	**este** anillo	**estos** anillos
	ese anillo	**esos** anillos
	aquel anillo	**aquellos** anillos
Feminine	**esta** camiseta	**estas** camisetas
	esa camiseta	**esas** camisetas
	aquella camiseta	**aquellas** camisetas

Apuntes

Apuntes